[Segurança no trabalho e ergonomia]

O selo DIALÓGICA da Editora InterSaberes faz referência às publicações que privilegiam uma linguagem na qual o autor dialoga com o leitor por meio de recursos textuais e visuais, o que torna o conteúdo muito mais dinâmico. São livros que criam um ambiente de interação com o leitor – seu universo cultural, social e de elaboração de conhecimentos –, possibilitando um real processo de interlocução para que a comunicação se efetive.

[Segurança no trabalho e ergonomia]

THIAGO DE OLIVEIRA PEGATIN

Rua Clara Vendramin . 58 . Mossunguê
CEP 81200-170 . Curitiba . PR . Brasil
Fone: (41) 2106-4170
www.intersaberes.com
editora@editorainsaberes.com.br

Conselho editorial

[Dr. Ivo José Both (presidente)]

Drª. Elena Godoy

Dr. Neri dos Santos

Dr. Ulf Gregor Baranow

Editora-chefe [Lindsay Azambuja]

Gerente Editorial [Ariadne Nunes Wenger]

Analista editorial [Ariel Martins]

Preparação de originais [Ana Maria Ziccardi]

Edição de texto

[Caroline Rabelo Gomes

Fabia Mariela de Biasi]

Capa [Iná Trigo]

Projeto gráfico [Raphael Bernadelli]

Diagramação [Carolina Perazzoli]

Equipe de *design*

[Débora Cristina Gipiela Kochani

Mayra Yoshizawa]

Iconografia

[Sandra Lopis da Silveira

Regina Claudia Cruz Prestes]

Dados Internacionais de Catalogação na Publicação (CIP)
(Câmara Brasileira do Livro, SP, Brasil)

Pegatin, Thiago de Oliveira
   Segurança no trabalho e ergonomia/Thiago de Oliveira Pegatin. Curitiba: InterSaberes, 2020. (Série Administração da Produção)

   Bibliografia.
   ISBN 978-85-227-0228-2

   1. Acidentes de trabalho – Prevenção 2. Ambiente de trabalho 3. Ergonomia 4. Qualidade de vida no trabalho 5. Saúde ocupacional 6. Segurança do trabalho I. Título. II. Série.

19-31446   CDD-363.11

Índice para o catálogo sistemático:
1. Ergonomia: Segurança no trabalho: Bem-estar social   363.11

Cibele Maria Dias – Bibliotecária – CRB-8/9427

1ª edição, 2020.
Foi feito o depósito legal.
Informamos que é de inteira responsabilidade do autor a emissão de conceitos.
Nenhuma parte desta publicação poderá ser reproduzida por qualquer meio ou forma sem a prévia autorização da Editora InterSaberes.
A violação dos direitos autorais é crime estabelecido na Lei n. 9.610/1998 e punido pelo art. 184 do Código Penal.

[sumário]

apresentação [7]

como aproveitar ao máximo este livro [9]

1 Conhecendo e organizando a segurança do trabalho [13]

1.1 Evolução histórica [15]

1.2 Organização dos serviços em saúde e segurança do trabalho [28]

1.3 Por que é importante o investimento em segurança do trabalho? [35]

2 Acidentes de trabalho: aspectos legais e prevencionistas [39]

2.1 Aspectos legais [41]

2.2 Investigação e controle de acidentes de trabalho [45]

2.3 Equipamentos de proteção individual (EPI) e equipamentos de proteção coletiva (EPC) [50]

3 Fatores de risco nos ambientes de trabalho [65]

3.1 Noções básicas sobre fatores de risco [67]

3.2 Programa de Prevenção de Riscos Ambientais [69]

3.3 Programa de Controle Médico e Saúde Ocupacional [72]

3.4 Riscos inerentes às atividades diversas [74]

3.5 Gestão dos riscos ocupacionais [90]

4 Higiene ocupacional [101]

4.1 Atividades e operações insalubres [103]

4.2 Atividades e operações perigosas [115]

5 Ergonomia normativa e o sistema homem-máquina [125]

5.1 O que é ergonomia e como se aplica [127]

5.2 Levantamento, transporte e descarga individual de materiais [130]

5.3 Mobiliário e equipamentos [133]

5.4 Condições ambientais [136]

5.5 Organização do trabalho [137]

5.6 Nova dinâmica da ergonomia – eSocial [139]

5.7 Antropometria [143]

5.8 Projetos em ergonomia [149]

6 Análise e gerenciamento em ergonomia [157]

6.1 Análise ergonômica do trabalho [159]

6.2 Gestão em ergonomia [173]

considerações finais [179]

referências [180]

respostas [187]

sobre o autor [191]

[apresentação]

Desde a publicação da Consolidação das Leis Trabalhistas (CLT), em 1943, o mundo do trabalho vem evoluindo consideravelmente, com a necessidade de atualização de materiais de referência para acompanhar as novas demandas na área de segurança do trabalho e ergonomia e amparar os profissionais que lidam diariamente com essas questões.

O objetivo central desta obra é, justamente, pontuar a construção desse conhecimento ao longo dos anos e como ele vem repercutindo no cotidiano de empresas e trabalhadores. Por essa razão, este livro destina-se a todos os profissionais que atuam ou buscam uma oportunidade nas empresas, visto que, atualmente, os conceitos de segurança e de ergonomia são amplamente propagados no ambiente produtivo, sendo responsabilidade de todos, não somente do profissional especializado nessa área.

O conteúdo aqui desenvolvido contempla o entendimento da legislação atual, em especial no que se refere às normativas (NRs) e às ISOs, e casos reais práticos, para que o leitor possa estabelecer relação entre teoria e aplicação.

O livro está organizado em seis capítulos, em que são abordados desde os conceitos históricos e o surgimento da área até as bases para aplicação prática, por meio de técnicas, ferramentas e métodos.

Iniciamos tratando da história e do surgimento da segurança do trabalho, demonstrando a importância de um serviço organizado de saúde e segurança, bem como de dois organismos fundamentais para o desenvolvimento do trabalho nas empresas – a Comissão Interna de Prevenção de Acidentes (Cipa) e o Serviço Especializado em Engenharia de Segurança e Medicina do Trabalho (SESMT).

Os acidentes de trabalho, sob o ponto de vista legal e prático, são tratados com base em questões que levam o leitor à reflexão, com o intuito de destacar o relato do acidente e também os impactos para empresas e trabalhadores, enfatizando as formas de atuação para sua prevenção.

Posteriormente, tratamos sobre os programas de base para prevenção aos agravos no ambiente de trabalho (PPRA e PCMSO) e sua importância na determinação dos fatores de risco nos ambientes de trabalho, ressaltando por que os programas são considerados pilares para a construção de projetos reativos, preventivos e proativos nas empresas.

Em seguida, descrevemos condições de insalubridade e de periculosidade que compõem um grupo de grande relevância para a prevenção de doenças ocupacionais, bem como a importância das avaliações qualitativas e quantitativas na determinação dos agentes agressores e níveis de exposição presentes nos ambientes de trabalho.

Abordaremos, também, a questão normativa referente à ergonomia e os conceitos fundamentais para o entendimento do sistema homem-máquina e sua íntima relação com as condições reais das atividades dos trabalhadores. Com base na NR 17, trataremos das necessidades atuais do eSocial, das normas ISO e do estudo antropométrico, conceitos essenciais para aplicação prática prevencionista e de projetos.

Finalizamos com a metodologia de análise ergonômica do trabalho (AET), em sua essência, fornecendo bases para a aplicação prática e princípios para os sistemas de gestão e mecanismos eficientes para o cumprimento das ações previstas.

Bons estudos!

[como aproveitar ao máximo este livro]

Empregamos nesta obra recursos que visam enriquecer seu aprendizado, facilitar a compreensão dos conteúdos e tornar a leitura mais dinâmica. Conheça a seguir cada uma dessas ferramentas e saiba como elas estão distribuídas no decorrer deste livro para bem aproveitá-las.

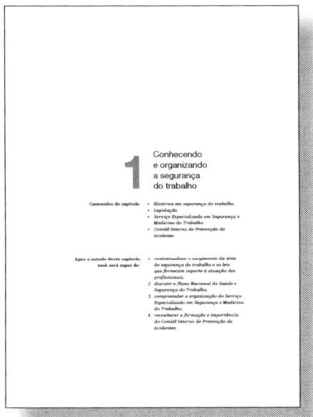

- *Conteúdos do capítulo*
  Logo na abertura do capítulo, relacionamos os conteúdos que nele serão abordados.

- *Após o estudo deste capítulo, você será capaz de:*
  Antes de iniciarmos nossa abordagem, listamos as habilidades trabalhadas no capítulo e os conhecimentos que você assimilará no decorrer do texto.

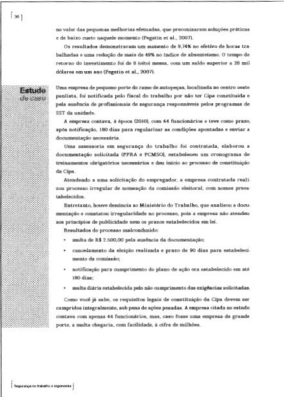

- *Estudo de caso*
  Nesta seção, relatamos situações reais ou fictícias que articulam a perspectiva teórica e o contexto prático da área de conhecimento ou do campo profissional em foco com o propósito de levá-lo a analisar tais problemáticas e a buscar soluções.

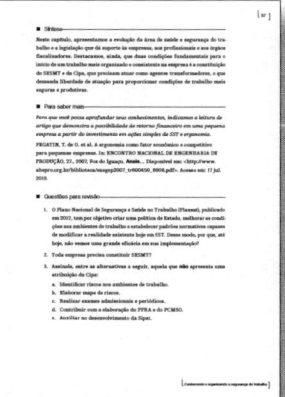

- *Síntese*
  Ao final de cada capítulo, relacionamos as principais informações nele abordadas a fim de que você avalie as conclusões a que chegou, confirmando-as ou redefinindo-as.

- *Questões para revisão*
  Ao realizar estas atividades, você poderá rever os principais conceitos analisados. Ao final do livro, disponibilizamos as respostas às questões para a verificação de sua aprendizagem.

- *Questões para reflexão*
  Ao propor estas questões, pretendemos estimular sua reflexão crítica sobre temas que ampliam a discussão dos conteúdos tratados no capítulo, contemplando ideias e experiências que podem ser compartilhadas com seus pares.

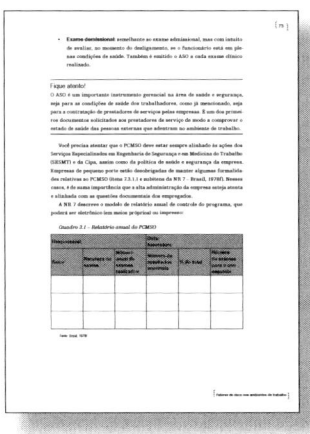

- *Fique atento!*

Ao longo de nossa explanação, destacamos informações essenciais para a compreensão dos temas tratados nos capítulos.

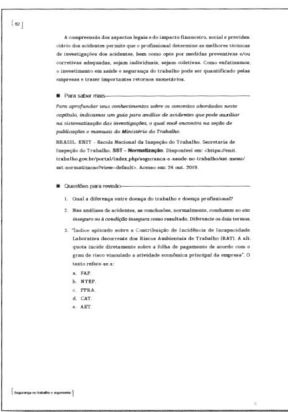

- *Para saber mais*

Sugerimos a leitura de diferentes conteúdos digitais e impressos para que você aprofunde sua aprendizagem e siga buscando conhecimento.

Conhecendo e organizando a segurança do trabalho

Conteúdos do capítulo
- *Histórico em segurança do trabalho.*
- *Legislação.*
- *Serviço Especializado em Segurança e Medicina do Trabalho.*
- *Comitê Interno de Prevenção de Acidente.*

Após o estudo deste capítulo, você será capaz de:
1. *contextualizar o surgimento da área de segurança do trabalho e as leis que fornecem suporte à atuação dos profissionais;*
2. *discutir o Plano Nacional de Saúde e Segurança do Trabalho;*
3. *compreender a organização do Serviço Especializado em Segurança e Medicina do Trabalho;*
4. *reconhecer a formação e importância do Comitê Interno de Prevenção de Acidentes.*

1.1 Evolução histórica

O avanço da área de segurança do trabalho confunde-se com a própria história do desenvolvimento econômico e, principalmente, industrial brasileiro. Seria improvável pensarmos em questões de saúde e de segurança dos trabalhadores até o início do século XIX, quando o desenvolvimento das relações de trabalho estava em plena formação, principalmente, após o *start* da Revolução Industrial em países europeus e norte-americanos.

Nesse momento histórico, as indústrias deixam de lado o trabalho artesanal e iniciam o processo de modernização e de produção em larga escala. Como resultado, fábricas passaram a empregar grande quantidade de pessoas, iniciou-se a divisão do trabalho em pequenas tarefas, surgiram inovações relativas a todo o processo e estabeleceu-se um novo paradigma: a era das máquinas.

Entretanto, como você deve imaginar, também uma nova realidade foi construída no interior dessas fábricas: longas jornada laborativas – algumas chegando a 16 horas diárias –, condições de trabalho precárias, baixa remuneração, emprego de mão de obra infantil – inclusive, em tarefas braçais –, entre outras situações.

Com as jornadas de trabalho excessivas, intenso esforço físico e condições ambientais de trabalho pouco satisfatórias, os índices de acidentes e de faltas ao trabalho aumentavam assustadoramente. Esse impacto econômico, observado pelas empresas em conjunto com movimentos iniciados pela regulamentação das condições de trabalho, desencadeou o nascimento da preocupação com a segurança e a saúde no trabalho.

Ao final do século XVIII, alguns países, como França e Inglaterra, já se mobilizavam no sentido de criar limites (físicos, essencialmente) para as pessoas em sua atividade laboral, como o estabelecimento das jornadas máximas de 12 horas e a proibição da contratação de crianças em algumas atividades fabris.

No Brasil, o reflexo dessa nova realidade teve início por volta de 1930, com o governo de Getúlio Vargas, ano da criação do Ministério do Trabalho, Indústria e Comércio, por meio do Decreto n. 19.433, de 26 de novembro de 1930, que incorporou diversos órgãos já existentes e pertinentes à área, como Conselho Nacional do Trabalho e o Instituto de Previdência (Brasil, 1930). Esse foi um importante marco para que, após alguns anos, surgisse a primeira Consolidação das Leis

Trabalhistas (CLT) no Brasil em 1º de maio de 1943, por meio do Decreto Lei n. 5.452 (Brasil, 1943). Entre os avanços mais importantes, destacamos:

- definições claras sobre as relações de trabalho – empregado, empregador, profissionais liberais, instituições diversas e associações;
- informações organizadas sobre a carteira de trabalho e previdência social (CTPS) e livro de registro de empregados – prazos, instruções de preenchimento, penalidades etc.;
- estabelecimento de limites da jornada de trabalho em 8 horas, horas extras e férias de 30 dias, critérios para os descansos nos horários de almoço, pausas formais para jornadas acima de 6 horas e descanso de, no mínimo, 11 horas entre jornadas de trabalho;
- regulamentação do salário mínimo.

Entre esses avanços, merece destaque especial a disciplina relativa à área de saúde e de segurança do trabalho prevista na CLT de 1943 (Brasil, 1943):

- orienta competências e o escopo de ação em segurança e medicina do trabalho;
- cita e regulamenta a operacionalização da Comissão Interna de Prevenção de Acidentes (Cipa);
- expõe diversas medidas de prevenção à saúde dos empregados, como fornecimento de equipamentos de proteção individual (EPI) e coletiva (EPC), medidas para conforto ambiental (iluminação, temperatura, ruído), prevenção à fadiga etc.;
- conceitua atividades insalubres e perigosas – inclusive, estabelecendo os primeiros limites relativos à exposição a fatores ambientais nas atividades laborais.

Em uma análise ampla, podemos notar, nos tópicos citados, diversos conceitos utilizados até hoje, de forma aprimorada, e que regulamentam muitas ações propostas pelos profissionais que atuam em segurança do trabalho. As normas regulamentadoras (NRs) do Ministério do Trabalho, por exemplo, têm como base vários desses conceitos.

A CLT de 1943 recebeu uma importante modificação em 1977 (Lei n. 6.514, de 22 de dezembro de 1977), na Seção XV, que trata das medidas especiais de prevenção, em seu art. 200, apresentando o seguinte texto: "Cabe ao Ministério do Trabalho estabelecer disposições complementares às normas de que trata este Capítulo, tendo em vista as peculiaridades de cada atividade ou setor de trabalho" (Brasil, 1977).

O artigo em questão foi o marco para que, em 8 de junho 1978, o Ministério do Trabalho publicasse a Portaria n. 3.214, que aprova as normas regulamentadoras (NRs) relativas à segurança e medicina do trabalho (Brasil, 1978a).

Originalmente, foram regulamentadas 27 normas, chegando a 36 normas em vigor em 2018, com a publicação da última normativa em 19 de abril de 2013. No Quadro 1.1, temos um resumo das NRs, com a respectiva descrição de atuação, conforme vigência. Observe:

Quadro 1.1 – Normas regulamentadoras com respectiva descrição e contexto

Norma	Descrição e/ou aplicação
NR 1	**Disposições gerais**: trata das orientações, responsabilidades e obrigações das empresas e dos órgãos do Poder Legislativo e Judiciário no cumprimento das normas regulamentadoras.
NR 2	**Inspeção prévia**: estabelece que todo novo estabelecimento comercial deve, antes de iniciar suas atividades, solicitar visita e autorização do Ministério do Trabalho.
NR 3	**Embargo ou interdição**: dispõe sobre a possibilidade de interrupção imediata das atividades na empresa em situações de iminente risco à saúde e segurança dos trabalhadores.
NR 4	**Serviços especializados em Segurança e Medicina do Trabalho (SESMT)**: apresenta as diretrizes, responsabilidades e dimensionamento mínimo de profissionais para atuação nas empresas.
NR 5	**Comissão Interna de Prevenção de Acidentes (Cipa)**: descreve objetivo, constituição, organização, atribuições e funcionamento da Cipa. Em seu escopo, é possível ainda observar a operacionalização do processo eleitoral e os códigos de atividades econômicas para dimensionamento da comissão. Inclui Manual Cipa*.
NR 6	**Equipamentos de proteção individual (EPI)**: caracteriza os EPIs, bem como apresenta controles necessários às empresas e as responsabilidades de empregadores e empregados.
NR 7	**Programas de Controle Médico e Saúde Ocupacional (PCMSO)**: estabelece a obrigatoriedade por parte das empresas em estabelecer programas de prevenção e identificação dos agravos à saúde dos trabalhadores. Inclui os exames médicos admissionais, periódicos, demissionais, entre outros.
NR 8	**Edificações**: requisitos mínimos de segurança e conforto em edificações.
NR 9	**Programa de Prevenção de Riscos Ambientais (PPRA)**: programa que visa antecipar, reconhecer, avaliar e controlar riscos ambientais existentes ou que venham a existir nos ambientes de trabalho. O PPRA tem ainda como objetivo estabelecer níveis de ação para medidas preventivas de acordo com a exposição dos trabalhadores. Inclui, por exemplo, avaliações de ruído, temperatura, vibrações, entre outros.

(continua)

* O Manual Cipa pode ser encontrado no *link*: BRASIL. Ministério do Trabalho. **Manual CIPA**: a nova NR 5. versão final, jun. 2016. Disponível em: <https://enit.trabalho.gov.br/portal/images/Arquivos_SST/SST_Publicacao_e_Manual/CGNOR-MANUAL-DA-CIPA.pdf>. Acesso em: 6 jul. 2019.

(Quadro 1.1 – continuação)

Norma	Descrição e/ou aplicação
NR 10	**Segurança em instalações e serviços em eletricidade**: estabelece requisitos mínimos preventivos aos trabalhadores que operam instalações elétricas ou serviços de eletricidade.
NR 11	**Transporte, movimentação, armazenagem e manuseio de materiais**: requisitos de segurança em operações de movimentação de cargas, incluindo guindastes, pontes rolantes, elevadores, entre outros.
NR 12	**Segurança em máquinas e equipamentos**: essa normativa e seus anexos visa estabelecer mecanismos preventivos aos trabalhadores que atuam diretamente na operação de máquinas e equipamentos, em todas as fases da operação (projeto, execução, manutenção).
NR 13	**Caldeiras, vasos de pressão e tubulações**: requisitos mínimos de segurança nas atividades que envolvem esses dispositivos, em todas as etapas (projeto, instalação, operação, manutenção).
NR 14	**Fornos**: parâmetros de construção e instalação de fornos, requisitos de segurança.
NR 15	**Atividades e operações insalubres**: estabelece limites de tolerância e exposição a fatores ambientais como ruído, temperatura e vibrações, além de estabelecer valores percentuais para remuneração de trabalhadores expostos aos fatores de risco da norma. Define, ainda, métodos de medição e valores de referência.
NR 16	**Atividades e operações perigosas**: estabelece o que são atividades perigosas e estabelece limites e valores percentuais de remuneração decorrentes da exposição dos trabalhadores.
NR 17	**Ergonomia**: dispõe sobre caracterização de riscos ergonômicos e meios para avaliação das condições de trabalho. Apresenta também alguns limites de exposição e recomendação nas dimensões de equipamentos.
NR 18	**Condições e meio ambiente de trabalho na indústria da construção**: apresenta diretrizes para as condições de trabalho e programas de prevenção relacionados à atividade da construção. O Programa de Condições e Meio Ambiente de Trabalho na Indústria da Construção (PCMAT) está diretamente relacionado ao PPRA – NR 9.
NR 19	**Explosivos**: normativa sobre fabricação, manuseio, transporte e procedimentos de segurança na indústria e comércio de fogos de artifício e artigos pirotécnicos.
NR 20	**Inflamáveis e combustíveis**: requisitos mínimos para saúde e segurança nas atividades de extração, produção, operação, manutenção, manuseio, montagem, construção de líquidos combustíveis e inflamáveis, excluindo-se operações em plataformas.
NR 21	**Trabalho a céu aberto**: dispõe sobre a obrigatoriedade de abrigos contra intempéries, condições sanitárias e moradias no trabalho nessas condições especiais.
NR 22	**Segurança e saúde ocupacional na mineração**: regulamenta o trabalho das mineradoras, apresenta dados e operacionalização na criação da Cipamin (Cipa na mineração), além de trazer informações sobre gerenciamento de riscos, treinamentos, entre outros.

(Quadro 1.1 – conclusão)

Norma	Descrição e/ou aplicação
NR 23	**Proteção contra incêndios**: informa sobre utilização de equipamentos de combate ao incêndio, saídas de emergência e procedimentos para evacuação dos locais de trabalho.
NR 24	**Condições sanitárias e de conforto nos locais de trabalho**: parâmetros mínimos para as instalações sanitárias, refeitórios, lavatórios, alojamentos, entre outros.
NR 25	**Resíduos industriais**: versa sobre a proibição de descarte inadequado de resíduos industriais.
NR 26	**Sinalização de segurança**: atenta para a importância de padronização das informações em segurança do trabalho e do treinamento aos trabalhadores.
NR 27	REVOGADA – tratava do registro do técnico em segurança do trabalho.
NR 28	**Fiscalização e penalidades**: estabelece tabela de penalidades para cada item normativo, empregadas pelo auditor fiscal na identificação de irregularidades.
NR 29	**Trabalho portuário**: regulamenta as atividades em saúde e segurança no trabalho portuário, estabelece responsabilidades, apresenta diretrizes do SESSTP (Serviço especializado em segurança do trabalho portuário) e da CPATP (Comissão de prevenção de acidentes no trabalho portuário).
NR 30	**Trabalho aquaviário**: semelhante à normativa anterior, porém direcionada ao trabalho aquaviário – embarcações.
NR 31	**Agricultura, pecuária, silvicultura, exploração florestal e aquicultura**: regulamentação das atividades citadas, com informações importantes sobre Campanha Nacional de Prevenção de Acidentes do Trabalho Rural (CANPATR) e implementação do Programa de Alimentação do Trabalhador (PAT).
NR 32	**Segurança em estabelecimentos de saúde**: aplica-se essa normativa a todo estabelecimento que presta assistência em saúde à população, assim como ensino e pesquisa. Faz parte da normativa o Guia Técnico de Riscos Biológicos.
NR 33	**Espaços confinados**: os requisitos dessa normativa se aplicam ao trabalho desenvolvidos em espaços com limites estabelecidos de entrada e saída, normalmente, com deficiência de oxigênio e/ou contaminantes. Demonstra a importância do acompanhamento do profissional desde a etapa de projeto e, principalmente, na autorização e no acompanhamento dos serviços executados nesses locais.
NR 34	**Condições e meio ambiente de trabalho na indústria da construção, reparação e desmonte naval**: semelhante a normativas já descritas aqui quanto ao escopo, destina-se às atividades de construção/reparação de barcos, lanchas, plataformas fixas, flutuantes, entre outras.
NR 35	**Trabalho em altura**: prevê os requisitos mínimos para prevenção aos riscos decorrentes do trabalho em altura (acima de 2 metros do nível inferior), onde existe risco de queda.
NR 36	**Empresas de abate e processamento de carnes e derivados**: dispõe sobre parâmetros relacionados ao mobiliário, equipamentos, condições ambientais, organização das atividades e gerenciamento de riscos nesse ramo de atividade. Conta com manual de aplicação de orientação.

Fonte: Elaborado com base em Brasil, 2019a.

Na esteira dessa evolução apresentada, é publicada, em abril de 2012, a cartilha do **Plano Nacional de Segurança e Saúde no Trabalho** (Plansat) que busca aplicação prática da Política Nacional de Segurança e Saúde do Trabalho (PNSST), instituída pelo Decreto n. 7.602, de 7 de novembro de 2011 (Brasil, 2011a). A cartilha foi elaborada com a cooperação entre órgãos governamentais, representantes dos trabalhadores e de empregadores.

A ideia de um plano nacional passa a ser vislumbrada como muito pertinente, uma política de Estado que independe de governos e cujo objetivo é a promoção da saúde, a melhoria da qualidade de vida do trabalhador e a prevenção de acidentes e danos à saúde por meio da eliminação ou da redução de riscos nos ambientes de trabalho.

Segundo o Plansat (Brasil, 2012a, p. 18), as ações devem ser desenvolvidas de acordo com as seguintes diretrizes)

a. inclusão de todos os trabalhadores brasileiros no sistema nacional de promoção e proteção da saúde;

b. harmonização da legislação e articulação das ações de promoção, proteção, prevenção, assistência, reabilitação e reparação da saúde do trabalhador;

c. adoção de medidas especiais para atividades laborais de alto risco;

d. estruturação de rede integrada de informações em saúde do trabalhador;

e. promoção da implantação de sistemas e programas de gestão da segurança e saúde nos locais de trabalho;

f. reestruturação da formação em saúde do trabalhador e em segurança no trabalho e o estímulo à capacitação e à educação continuada de trabalhadores;

g. promoção de agenda integrada de estudos e pesquisas em segurança e saúde no trabalho.

Diversas propostas do plano, há muitos anos vislumbradas e pouco praticadas, vão ao encontro do que pregam prevencionistas, entidades e pesquisadores que atuam na área de segurança e saúde no trabalho, e serão comentadas na sequência.

Objetivo 1: Inclusão de todos os trabalhadores brasileiros no Sistema Nacional de Promoção e Proteção da Segurança e Saúde no Trabalho (SST).

Estratégias:

1.1 Elaboração e aprovação de dispositivos legais, adotando princípios comuns de SST para todos os trabalhadores, independentemente de sua inserção no mercado de trabalho.

1.2 Elaboração e aprovação de dispositivos legais em SST para os trabalhadores do serviço público, nas três esferas de Governo.

1.3 Promoção do trabalho decente.

1.4 Promoção da participação dos trabalhadores e empregadores nas instâncias de controle social.

1.5 Promoção da SST nas micro e pequenas empresas e empreendimentos de economia solidária.

Fonte: Brasil, 2012a, p. 23-28.

Observe, nesse primeiro objetivo do Plansat, a tentativa muito nítida de reduzir a informalidade e incluir, na mesma condição de proteção, sob a égide das leis, todos os trabalhadores e o setor público.

Muitos acidentes acontecem, de fato, em decorrência da informalidade, não raro acompanhada de condições de trabalho precárias e sem nenhum amparo em saúde e segurança do trabalho (SST). Entretanto, apenas por força de lei, não é possível reverter essa situação, uma vez que é possível observar muitas falhas ao longo de muitos anos.

A ideia de transformar em política essa necessidade prevencionista muda o viés, de forma que exige ações mais focadas no desenvolvimento econômico como um todo, envolvendo a sociedade e as entidades ligadas ao trabalho como questão social.

Ainda não se observa a materialização das estratégias propostas, e um dos fatores que impede um avanço maior é, justamente, o custo de ações nessa área, não somente com investimento em maquinário, equipamentos, ferramentas, mas também em mão de obra qualificada, que se torna cara para as empresas e afeta, principalmente, o pequeno empresário, que não consegue desenvolver ações mais efetivas e apenas gera um monte de documentos para atender à legislação.

Objetivo 2: Harmonização da legislação trabalhista, sanitária, previdenciária e outras que se relacionem com SST.

Estratégias:

2.1 Promoção de estudos da legislação trabalhista, sanitária, previdenciária e outras que se relacionem com SST e proposição da sua harmonização e aperfeiçoamento.

2.2 Fortalecer e ampliar, nas matérias de interesse comum, mecanismos interministeriais de regulamentação em SST.

2.3 Divulgação, implementação e acompanhamento dos acordos, convenções e recomendações internacionais subscritas pelo Brasil, nos assuntos relacionados à SST.

Fonte: Brasil, 2012a, p. 29-31.

O Objetivo 2 do Plansat é direcionado para a melhora da qualidade e simplificação da informação legal em SST que se relacionam com as mais distintas áreas e campos de atuação. É notório que, no Brasil, há uma quantidade excessiva de leis que, na prática, não são aplicadas adequadamente, encarecem o custo produtivo das empresas e que, muitas vezes, não conversam adequadamente entre si – por exemplo, com relação aos agentes ambientais de trabalho, há duas regulamentações: uma, em que se mensura o limite de tolerância para insalubridade, e outra que atribui aposentadoria especial.

O ideal seria, realmente, melhorar a qualidade da informação, unificando diversas fontes para disponibilizá-las de maneira simplificada para consulta de empresas, profissionais e trabalhadores.

Um exemplo interessante é encontrado na Espanha, onde o Instituto Nacional de Seguridad, Salud y Bienestar en el Trabajo (INSSBT), vinculado ao Ministério do Trabalho (que integra a seguridade social), reúne uma série de normativas, notas técnicas, cartilhas e diversos materiais que estão à disposição para consulta de forma aberta e simplificada. Diversos modelos de investigação de acidentes, ferramentas de análise e medidas preventivas podem ser acessadas no portal.

No Brasil, temos algo parecido, mas, de maneira bem mais tímida, algumas ações, encabeçadas pela Fundação Jorge Duprat e Figueiredo (Fundacentro), na publicação de alguns materiais de referência, normas técnicas, pesquisa e ações direcionadas.

Se as ações fossem mais articuladas e diretamente relacionadas com o Ministério do Trabalho e demais órgãos governamentais, teríamos programas e projetos mais assertivos, com menos custos envolvidos e mais qualidade técnica.

Dessa forma, entendemos que houve alguns avanços da PNSST, principalmente, com a revisão de algumas normas regulamentadoras e com a publicação de manuais para aplicação dessas normas, mas ainda de maneira muito discreta e sem articulação.

Objetivo 3: Integração das ações governamentais de SST

Estratégia:

3.1 Articular as ações governamentais de promoção, proteção, prevenção, assistência, reabilitação e reparação da saúde do trabalhador.

Fonte: Brasil, 2012a, p. 33-36.

O Objetivo 3 busca integrar as ações governamentais em SST, tem menos estratégias definidas (apenas uma), mas é o que, no plano, apresenta maior número de ações associadas (13 ações). Esse objetivo é o que parece mais ter caminhado desde a publicação do plano, em especial, com a unificação de diversas informações no sistema conhecido como *eSocial*, de que trataremos mais adiante.

A integração das informações sociais, trabalhistas e previdenciárias é uma necessidade estratégica em termos de controle e de qualidade da informação, além de ser uma ferramenta gerencial e fiscalizatória muito mais eficaz do que a ação em campo, porta a porta. Isso fica muito claro na leitura das ações propostas no plano, visto que, das 13 ações previstas para atingir a estratégia descrita, 7 têm base fiscalizatória.

Objetivo 4: Adoção de medidas especiais para atividades laborais submetidas a alto risco de doenças e acidentes de trabalho.

Estratégias:

4.1 Promoção de estudos para aperfeiçoamento da legislação relacionada à SST para as atividades laborais submetidas a alto risco.

4.2 Estabelecimento de experiências-piloto, articuladas intersetorialmente, com a participação de trabalhadores e empregadores, em setores produtivos definidos como prioritários.

4.3 Proposição de linhas de financiamento/crédito e outras políticas de benefícios, com controle social, para a melhoria das condições, processos e ambientes de trabalho.

4.4 Criação e aperfeiçoamento, pelos ministérios da saúde, do trabalho e emprego e da previdência social, em conjunto, de listas de fatores de risco e agentes nocivos responsáveis por elevada incidência e/ou prevalência de agravos à saúde relacionados ao trabalho.

4.5 Promover a adequação de máquinas e equipamentos à regulamentação nacional de SST.

Fonte: Brasil, 2012a, p. 37-40.

Parece interessante um objetivo que direciona suas ações para os fatores de risco (alto risco) nos ambientes de trabalho e que pretende mapear, de maneira mais direta, esses agravos, mesmo que algumas estratégias pareçam mais cláusulas de barreira do que estratégias propriamente ditas, como é o caso da última estratégia da lista, relacionada a máquinas e equipamentos.

Em uma análise mais ampla, é possível vislumbrar ações muito interessantes que seriam decorrentes do objetivo que trata de acidentes de trabalho e possíveis doenças em situações de alto risco: (a) referencial técnico mais rico e preciso; (b) aperfeiçoamento de ações-piloto para expandir boas práticas e (c) estímulo/financiamento para soluções prevencionistas para serem implementadas nos ambientes de trabalho.

A conclusão é que o resultado prático desse eixo também foi muito pequeno desde a proposta inicial, com algumas pesquisas esporádicas, revisão de algumas normativas, mas com efeito prático muito baixo e sem atingir o impacto potencialmente alto dessa proposta.

Objetivo 5: Estruturação de uma rede integrada de informações em SST.

Estratégias:

5.1 Compatibilização e aperfeiçoamento dos atuais e novos instrumentos de coleta de dados e fluxos de informações a serem partilhados pelos órgãos de governo.

5.2 Disponibilização de acesso da sociedade às informações em SST.

Fonte: Brasil, 2012a, p. 41-42.

O Objetivo 5 está diretamente relacionado aos objetivos 2, 3 e 4 quanto à melhora da qualidade da informação em SST e estruturação de uma rede integrada. Com a operacionalização do sistema eSocial, esse objetivo fica contemplado quase que em sua totalidade, visto que a informação enviada pelas empresas acontecerá mensalmente, de forma unificada e com possibilidade da disponibilização dos dados praticamente em tempo real. Essa agilidade permitirá melhor tratamento desses dados, traduzindo-se em informações de maior relevância e funcionando como instrumento de pesquisa, fiscalizatório e direcionador.

Objetivo 6: Implementação de sistemas de gestão de SST nos setores público e privado.

Estratégias:

6.1 Aperfeiçoamento dos regulamentos, instrumentos e estruturas relacionadas à gestão de SST.

6.2 Aperfeiçoamento e estudo sobre indicadores relacionados à gestão de SST.

6.3 Estabelecimento de incentivos para os investimentos em promoção, proteção e prevenção, com controle social.

Fonte: Brasil, 2012a, p. 43-46.

Os sistemas de gestão em SST são o futuro da área em um curto espaço de tempo e têm ganhado campo nos últimos anos com a adoção e a ampliação das normas de qualidade (ISO 9001), meio ambiente (ISO 14001) e, mais recentemente, de saúde e segurança do trabalho (ISO 45001).

Com a publicação da ISO de gestão em SST em 2018, a primeira estratégia fica contemplada, pois abrange, de forma mais ampla, a aplicação prática e integra-se em definitivo as demais normativas ISO.

Novamente, será possível observar, nesse objetivo, a preocupação com os investimentos em SST como forma de estimular a prática prevencionista, principalmente, no que diz respeito à aquisição de máquinas e equipamentos de maior qualidade, eficácia e que atendam às necessidades preventivas e às normativas brasileiras.

Objetivo 7: Capacitação e educação continuada em SST.

Estratégias:

7.1 Inclusão de conhecimentos básicos em prevenção de acidentes e SST no currículo do ensino fundamental e do médio das redes pública e privada.

7.2 Inclusão de conhecimentos básicos em SST no currículo dos programas de aprendizagem, do ensino técnico, profissionalizante e superior, assim como nos cursos para empreendedores.

7.3 Revisão de referências curriculares para a formação de profissionais em SST, de nível técnico, superior e pós-graduação.

7.4 Capacitação em SST para os representantes de trabalhadores e empregadores, bem como para os profissionais que atuam na área.

Fonte: Brasil, 2012a, p. 47-51.

O Objetivo 7, em uma escala de prioridade, deveria ser tratado como item de topo da lista, visto que é aquele com maior potencial de resultados no longo prazo e que pode transformar, de fato, a realidade atual.

Fundamentalmente, esse objetivo – voltado à capacitação e à disseminação dos conhecimentos em SST – parece uma das melhores estratégias da PNSST e que, teoricamente, pode trazer os melhores resultados em longo prazo na redução dos acidentes do trabalho e das doenças ocupacionais existentes hoje.

O processo de educação permanente, em qualquer área, é de suma importância e tem potencial transformador, mas, nem sempre, os investimentos são suficientes em razão da pouca importância dada ao assunto pelos empregadores. A possibilidade de um profissional com mínima formação adequada em SST desenvolver sua atividade colocando em risco sua segurança, e de outros, com certeza, é bem menos do que o profissional que nunca recebeu formação.

Apesar da potencialidade desse item da PNSST, é possível afirmar, com relativo grau de certeza, que seja uma das ações mais difíceis de serem implementadas em sua totalidade, por alguns motivos: (a) o investimento em educação básica é muito baixo no Brasil, (b) o ensino privado caminha, cada vez mais, para as soluções de baixo custo e alta demanda e (c) é difícil operacionalizar, na prática, a inserção do grande número de recém-formados no mercado de trabalho.

Objetivo 8: Criação de uma agenda integrada de estudos e pesquisas em SST.

Estratégias:

8.1 Realização e apoio ao desenvolvimento de estudos e pesquisas pertinentes à SST, atendendo prioridades nacionais e regionais.

8.2 Estabelecimento de parcerias e intercâmbios com organismos e instituições técnicas e universidades, nacionais e internacionais, para a realização de estudos e pesquisas em SST.

8.3 Busca de recursos nas instituições financiadoras de pesquisa para apoiar estudos e pesquisas em SST.

8.4 Promoção de estudos e pesquisas para conhecer o perfil epidemiológico e os riscos à SST no trabalho informal.

Fonte: Brasil, 2012a, p. 53-56.

A pesquisa é uma vertente que já teve mais fôlego na área de SST e que, nos últimos anos, tem-se limitado a estudos voltados a leis ou à determinação de limites de exposição. A pesquisa tecnológica aplicada ainda carece de aperfeiçoamento, principalmente no que se refere a soluções que atendam às necessidades dos pequenos empresários, que hoje não têm condições de implementar algumas ações.

Essa pesquisa, em sua maioria, está centrada nas universidades, em cursos de pós-graduação, que têm o objetivo acadêmico primordialmente e, quando possível, com aplicabilidade prática. É muito importante essa veia da academia, contudo, a pesquisa tecnológica, se incentivada por vocação regional, tende a produzir bons frutos e maior aplicabilidade na prática prevencionista.

Ao analisarmos a totalidade da PNSST, observamos que algumas propostas são interessantes como melhoria das condições de trabalho, como fonte de informação e como incentivo a uma gestão mais adequada, entretanto, após mais de seis anos de sua publicação, poucas ações foram implementadas em profundidade; a maioria, em verdade, apenas superficialmente e algumas nem sequer tiveram andamento.

O fato é que política nacional tem sido pouco divulgada, pouco aplicada e não tem apresentado a capacidade de alterar, significativamente, a realidade encontrada nos ambientes de trabalho.

1.2 Organização dos serviços em saúde e segurança do trabalho

A primeira norma regulamentadora, a NR 1, apresenta, em seu texto, as disposições gerais sobre as obrigações de empregadores, empregados, empresas públicas e órgãos fiscalizadores, além de informar as competências de cada ente quanto à aplicação das questões relativas à saúde e à segurança do trabalho (Brasil, 1978b). Em princípio, desde que a empresa ou o órgão público admita empregados, deve aplicar as regras contidas nas NRs.

Segundo a NR 1, a Secretaria de Saúde e Segurança do Trabalho (SSST) é o órgão, em nível nacional, responsável por coordenar, supervisionar, orientar e controlar as ações relacionadas à SST e regulamentar os aspectos legais sobre a área em todo território nacional (Brasil, 1978b). Essa ação legal e fiscalizatória, normalmente, é operacionalizada pelas **Delegacias Regionais do Trabalho (DRT)**, que têm, em seu âmbito de atuação, como competências:

- Observar e acompanhar o desenvolvimento dos preceitos legais em SST.
- Aplicar penalidades aos entes que não cumprem o estabelecido nas NRs, notificando, multando ou mesmo interditando o local em questão.
- Desenvolver, quando da não existência de profissionais ligados ao Ministério do Trabalho na região, perícias nos ambientes de trabalho com vistas a identificar condições insalubres ou perigosas (Brasil, 1978b).

Os empregadores têm a responsabilidade de cumprir e fazer cumprir os requisitos legais descritos nas NRs, criar procedimentos de avaliação e informações dos riscos no ambiente de trabalho e permitir que os representantes dos trabalhadores tenham ciência das condições existentes e possam acompanhar possíveis desvios observados nesses ambientes. A NR 1 apresenta, ainda, no art. 1.7, alínea "c", as informações sobre as quais os trabalhadores devem ter ciência e que são obrigações dos empregadores (Brasil, 1978b):

- riscos que possam ser originados nos ambientes de trabalho;
- meios de prevenção e medidas adotadas pela empresa;
- resultados de exames médicos a que foram submetidos;
- resultados de avaliações ambientais realizadas.

Aos empregados, cabe cumprir as questões legais e normativas apresentadas pelas NRs, sob pena de seu descumprimento ser considerado ato faltoso do trabalhador, passível de punição administrativa e previstas na CLT. Apesar de apenas informar as responsabilidades e não trazer nenhum requisito técnico exatamente, a NR 1 tem importância fundamental para o direcionamento das ações impetradas nas varas do trabalho, pois apresenta as citadas responsabilidades de cada ente com relação ao trabalho, o primeiro passo para organizar o setor de SST da empresa.

Exemplo 1.1
Um acidente de trabalho em que a funcionária perdeu partes dos dedos e da mão ao colocá-la em um moedor de carne foi motivo de questionamento na Justiça Federal do Rio Grande do Sul (TRT4, Processo n. 0000482-68.2014.5.04.0341). A reclamada alegou que a culpa foi da funcionária que, por ato inseguro, colocou a mão indevidamente dentro o equipamento. Um dos motivos para a sentença favorável à reclamante foi, justamente, que a reclamada não cumpria a NR 1.

O segundo passo para organizar o setor de SST da empresa – talvez o mais importante – é descrito pela NR 4, que determina a constituição e o funcionamento dos **Serviços Especializados em Segurança e Medicina do Trabalho (SESMT)**, que têm por objetivo primário garantir que as normas regulamentadoras estejam sendo atendidas e que a prevenção aos agravos à saúde dos trabalhadores seja cumprida em sua integralidade, tanto em empresas públicas como empresas privadas (Brasil 1978c).

É necessário que a saúde e a segurança dos empregados sejam tratadas como prioridade nas empresas, junto às políticas de qualidade, produção, manutenção, meio ambiente, atendimento ao cliente, entre outras. Os profissionais do SESMT não precisam, necessariamente, ser funcionários diretos da empresa, existem muitas prestadoras de serviço em saúde e segurança que atendem diversas empresas desobrigadas de manter todos os quadros permanentes (em razão do custo ou por questões técnicas).

Para a correta operacionalização do SESMT, a NR 4 apresenta uma tabela com os profissionais que devem compor a equipe, no mínimo, de acordo com o porte da empresa e grau de risco detalhados no Cadastro Nacional de Atividades Econômicas (CNAE)*. Observe a Tabela 1.1 para saber como deve ser essa equipe:

---

* Informações sobre os CNAEs e grau de risco de empresas podem ser obtidas no Anexo V do Decreto n. 6.957, de 9 de setembro de 2009 (Brasil, 2009) e na própria NR 4 (Brasil, 1978c).

Tabela 1.1 – Dimensionamento do SESMT

Nº de empregados	Grau de Risco	PROFISSIONAIS				
		Técnico segurança trabalho	Engenheiro segurança trabalho	Auxiliar de enfermagem trabalho	Enfermeiro trabalho	Médico do trabalho
50 a 100	1	-	-	-	-	-
	2	-	-	-	-	-
	3	-	-	-	-	-
	4	1	-	-	-	-
101 a 250	1	-	-	-	-	-
	2	-	-	-	-	-
	3	1	-	-	-	-
	4	2	1*	-	-	1*
251 a 500	1	-	-	-	-	-
	2	-	-	-	-	-
	3	2	-	-	-	-
	4	3	1*	-	-	1*
501 a 1.000	1	1	-	-	-	-
	2	1	-	-	-	-
	3	3	1*	-	-	1*
	4	4	1	1	-	1
1.001 a 2.000	1	1	1*	-	-	1*
	2	1	1	1	-	1*
	3	4	1	1	-	1
	4	5	1	1	-	1
2.001 a 3.500	1	1	1*	1	-	1*
	2	2	1	1	-	1
	3	6	1	2	-	1
	4	8	2	2	-	2
3.501 a 5.000	1	2	1	1	1*	1
	2	5	1	1	1	1
	3	8	2	1	1	2
	4	10	3	1	1	3
Acima de 5.000 Para cada de 4.000 ou fração acima 2.000 **	1	1	1*	1	-	1*
	2	1	1*	1	-	1
	3	3	1	1	-	1
	4	3	1	1	-	1

* Tempo parcial – mínimo de 3 horas.

** Dimensionamento deverá ser feito levando-se em consideração o dimensionamento de faixas de 3.501 a 5.000 mais o dimensionamento dos grupos de 4.000 ou fração acima de 2.000.

Fonte: Brasil, 1987.

Ressaltamos que o dimensionamento mínimo não limita a participação no SESMT desses profissionais listados na normativa, ou seja, esse é um parâmetro mínimo para uma atuação efetiva no campo da saúde e segurança do trabalho, mas é possível haver profissionais de outras especialidades. Atualmente, encontramos, em diversas empresas, a presença de ergonomistas, fisioterapeutas, psicólogos, engenheiros, educadores físicos, entre outros, participando, efetivamente, da equipe (Brasil, 1978c).

Segundo a NR 4, compete aos profissionais que compõem o SESMT (Brasil, 1978c):

- eliminar/reduzir os riscos presentes no ambiente de trabalho;
- determinar a utilização de equipamentos de proteção individual (EPIs) quando esgotadas todas as formas de eliminação do risco ou contenção de forma coletiva;
- responsabilizar-se tecnicamente pelas ações em SST da empresa;
- estabelecer relação de proximidade com a Comissão Interna de Prevenção de Acidentes (Cipa), inclusive, fornecendo orientação e treinamento;
- propor programas de prevenção de acidentes do trabalho e doenças ocupacionais;
- informar a força de trabalho sobre riscos existentes nas atividades e conscientizar sobre a prevenção;
- investigar e manter registro dos acidentes de trabalho ocorridos na empresa;
- estabelecer indicadores de controle de acidentes, doenças e condições de insalubridade e periculosidade, segundo critérios básicos estabelecidos nos Quadros III a VI da norma;
- estabelecer, em conjunto com a Cipa, planos preventivos e de controle de ações emergenciais.

A prática prevencionista nas organizações não deve ser restrita aos profissionais do SESMT. Existe a necessidade de incluir o **fator segurança** nas políticas da empresa, e uma das formas de expandir o conceito de segurança é por meio da Cipa.

A **Cipa** é uma obrigação legal prevista na NR 5 para atuar de forma reativa e, principalmente, proativa com relação aos riscos presentes no ambiente de trabalho (Brasil, 1978d).

Na atuação reativa, a Cipa tem papel importante na investigação e documentação de acidentes e doenças de trabalho, no acompanhamento das implementações e correções no plano de ação em segurança, na intervenção em situações de trabalho que coloquem em risco a saúde das pessoas, entre outros.

Entretanto a principal contribuição da Cipa deve ser na antecipação dos riscos, impedindo sua materialização nos ambientes de trabalho. O planejamento das ações deve ser feito periodicamente, em conjunto com o SESMT e de maneira estratégica, avaliando a efetividade das propostas do grupo.

De acordo com a NR 5, o dimensionamento da Cipa deverá ser feito com base na atividade econômica e número de funcionários da empresa e será composta por representantes dos trabalhadores (titulares e suplentes) e representantes do empregador (titulares e suplentes) (Brasil, 1978d).

Observe o exemplo que criamos para ilustrar esse dimensionamento: uma cartonagem que atua, basicamente, na fabricação de cartolina e/ou papel cartão, com 350 funcionários terá, com base na NR 5, uma classificação de grupo C-7a. Na Tabela 1.2, podemos verificar o dimensionamento:

Tabela 1.2 – Dimensionamento para membros da Cipa – grupo C-7^a

Número de funcionários	Membros	
	Efetivos	Suplentes
0 a 19	-	-
20 a 50	1	1
51 a 100	2	2
101 a 140	3	3
141 a 300	4	3
301 a 500	5	4
501 a 1000	6	5
1001 a 2500	8	7
2501 a 5000	9	8
5001 acima	10	8

Portanto, essa empresa deverá, em sua eleição da Cipa, eleger cinco membros efetivos e quatro suplentes, com base na NR 5[*].

* O quadro completo pode ser consultado em Brasil, 1978d.

A eleição dos integrantes deverá respeitar os princípios de visibilidade e divulgação do processo eleitoral e garantir que prazos e condições para a votação sejam cumpridos. A eleição dos membros da Cipa tem validade de um ano, com possibilidade de uma reeleição por período igual. Caso a empresa não tenha os profissionais capacitados para essa função, deverá designar pessoas para tal, de modo a fazer cumprir a legislação (Brasil, 1978d).

Como já mencionamos, cabe à empresa garantir a lisura do **processo eleitoral** que elegerá os membros da Cipa, sob pena de ser responsabilizada.

A divulgação do processo eleitoral de nova comissão ou da constituição da primeira Cipa na empresa deve ser feita com, no mínimo, 60 dias antes do encerramento do mandato em vigor. O processo deve ser informado ao sindicato correspondente ou, na falta deste, ao ministério do trabalho, e ser afixado em local de fácil acesso e visualização na empresa, até 45 dias antes da data de eleição – meios eletrônicos também podem ser utilizados adicionalmente, mas não em substituição.

Assim como em qualquer processo eleitoral, devem ser garantidas algumas condições, como voto secreto, liberdades individuais de escolha e inscrição dos possíveis candidatos, constituição de uma comissão eleitoral, apuração dos votos de maneira clara e transparente e guarda dos documentos relativos ao processo eleitoral por um mínimo de 5 anos.

A estabilidade de emprego dos candidatos inscritos deverá ser garantida durante todo o processo eleitoral, sob pena de nulidade de todo o processo se identificada qualquer irregularidade.

As **atribuições legais da Cipa** são:

a. identificar os riscos do processo de trabalho, e elaborar o mapa de riscos, com a participação do maior número de trabalhadores, com assessoria do SESMT, onde houver;

b. elaborar plano de trabalho que possibilite a ação preventiva na solução de problemas de segurança e saúde no trabalho;

c. participar da implementação e do controle da qualidade das medidas de prevenção necessárias, bem como da avaliação das prioridades de ação nos locais de trabalho;

d. realizar, periodicamente, verificações nos ambientes e condições de trabalho visando a identificação de situações que venham a trazer riscos para a segurança e saúde dos trabalhadores;

e. realizar, a cada reunião, avaliação do cumprimento das metas fixadas em seu plano de trabalho e discutir as situações de risco que foram identificadas;

f. divulgar aos trabalhadores informações relativas à segurança e saúde no trabalho;

g. participar, com o SESMT, onde houver, das discussões promovidas pelo empregador, para avaliar os impactos de alterações no ambiente e processo de trabalho relacionados à segurança e saúde dos trabalhadores;

h. requerer ao SESMT, quando houver, ou ao empregador, a paralisação de máquina ou setor onde considere haver risco grave e iminente à segurança e saúde dos trabalhadores;

i. colaborar no desenvolvimento e implementação do PCMSO e PPRA e de outros programas relacionados à segurança e saúde no trabalho;

j. divulgar e promover o cumprimento das Normas Regulamentadoras, bem como cláusulas de acordos e convenções coletivas de trabalho, relativas à segurança e saúde no trabalho;

l. participar, em conjunto com o SESMT, onde houver, ou com o empregador, da análise das causas das doenças e acidentes de trabalho e propor medidas de solução dos problemas identificados;

m. requisitar ao empregador e analisar as informações sobre questões que tenham interferido na segurança e saúde dos trabalhadores;

n. requisitar à empresa as cópias das CAT emitidas;

o. promover, anualmente, em conjunto com o SESMT, onde houver, a Semana Interna de Prevenção de Acidentes do Trabalho – SIPAT;

p. participar, anualmente, em conjunto com a empresa, de Campanhas de Prevenção da AIDS. (Brasil, 1978d)

1.3 Por que é importante o investimento em segurança do trabalho?

Segundo o Ministério Público do Trabalho (MPT), entre os anos de 2012 a 2017, cerca de 15 mil trabalhadores foram vítimas de acidentes fatais e quase 4 milhões de acidentes e doenças do trabalho registrados, gerando um gasto de 26 bilhões de reais com despesas previdenciárias. Ainda segundo estimativas do MPT, por meio da Procuradoria Geral do Trabalho, menos de 50% dos acidentes ocorridos são notificados, o que torna os números mais alarmantes ainda (TRT20, 2018).

Outro dado assombroso diz respeito a indenizações. No ano de 2016, o custo com indenizações na Justiça do Trabalho foi de, aproximadamente, R$ 8,5 bilhões; já o orçamento para manter a Justiça do Trabalho foi superior a R$ 20 bilhões no ano de 2018 (LOA 2018, Lei n. 13.587, de 2 de janeiro de 2018, Brasil, 2018a).

É um erro frequente considerar que o retorno das ações em SST pode ser mensurado apenas em ações de grande porte, desenvolvidas em grandes empresas. Como você já deve ter concluído pelos dados citados, o custo com a "insegurança no trabalho" é altíssimo no Brasil, afetando não só as empresas, mas também a sociedade em geral, com impactos sobre previdência, saúde pública, custo final dos produtos, entre outros, por isso o "custo" com segurança do trabalho deveria, sem dúvida, ser considerado como investimento, com a possibilidade de permitir a redução de tributos mensais pagos em folha para as empresas que investem em segurança do trabalho, como abordaremos no Capítulo 2, ao tratarmos de acidentes de trabalho.

No artigo *Ergonomia como fator econômico e competitivo para pequenas empresas* (Pegatin et al., 2007), investigamos os impactos de um programa de ergonomia em uma pequena empresa de autopeças, que atua na área de remanufatura de induzidos de motor de partida. Na oportunidade, o programa foi realizado com algumas pequenas melhorias ergonômicas em postos de trabalho e ações de qualidade de vida no trabalho, como ginástica laboral, palestras e treinamentos.

Os custos relacionados à área foram contabilizados com base no número de horas perdidas decorrente do absenteísmo (faltas justificadas, injustificadas) e no custo pela produção esperada por esse funcionário durante essa carga horária. Os investimentos foram quantificados com base no custo anual da consultoria e no valor das pequenas melhorias efetuadas, que preconizaram soluções práticas e de baixo custo naquele momento (Pegatin et al., 2007).

Os resultados demonstraram um aumento de 9,74% no efetivo de horas trabalhadas e uma redução de mais de 49% no índice de absenteísmo. O tempo de retorno do investimento foi de 8 (oito) meses, com um saldo superior a 28 mil dólares em um ano (Pegatin et al., 2007).

Estudo de caso

Uma empresa de pequeno porte do ramo de autopeças, localizada no centro oeste paulista, foi notificada pelo fiscal do trabalho por não ter Cipa constituída e pela ausência de profissionais de segurança responsáveis pelos programas de SST da unidade.

A empresa contava, à época (2010), com 44 funcionários e teve como prazo, após notificação, 180 dias para regularizar as condições apontadas e enviar a documentação necessária.

Uma assessoria em segurança do trabalho foi contratada, elaborou a documentação solicitada (PPRA e PCMSO), estabeleceu um cronograma de treinamentos obrigatórios necessários e deu início ao processo de constituição da Cipa.

Atendendo a uma solicitação do empregador, a empresa contratada realizou processo irregular de nomeação da comissão eleitoral, com nomes preestabelecidos.

Entretanto, houve denúncia ao Ministério do Trabalho, que analisou a documentação e constatou irregularidade no processo, pois a empresa não atendeu aos princípios de publicidade nem os prazos estabelecidos em lei.

Resultados do processo malconduzido:

- multa de R$ 2.500,00 pela ausência da documentação;
- cancelamento da eleição realizada e prazo de 90 dias para estabelecimento da comissão;
- notificação para cumprimento do plano de ação ora estabelecido em até 180 dias;
- multa diária estabelecida pelo não cumprimento das exigências solicitadas.

Como você já sabe, os requisitos legais de constituição da Cipa devem ser cumpridos integralmente, sob pena de ações pesadas. A empresa citada no estudo contava com apenas 44 funcionários, mas, caso fosse uma empresa de grande porte, a multa chegaria, com facilidade, à cifra de milhões.

■ Síntese

Neste capítulo, apresentamos a evolução da área de saúde e segurança do trabalho e a legislação que dá suporte às empresas, aos profissionais e aos órgãos fiscalizadores. Destacamos, ainda, que duas condições fundamentais para o início de um trabalho mais organizado e consistente na empresa é a constituição do SESMT e da Cipa, que precisam atuar como agentes transformadores, o que demanda liberdade de atuação para proporcionar condições de trabalho mais seguras e produtivas.

■ Para saber mais

Para que você possa aprofundar seus conhecimentos, indicamos a leitura de artigo que demonstra a possibilidade de retorno financeiro em uma pequena empresa a partir do investimento em ações simples de SST e ergonomia.

PEGATIN, T. de O. et al. A ergonomia como fator econômico e competitivo para pequenas empresas. In: ENCONTRO NACIONAL DE ENGENHARIA DE PRODUÇÃO, 27., 2007, Foz do Iguaçu. **Anais**... Disponível em: <http://www.abepro.org.br/biblioteca/enegep2007_tr600450_8908.pdf>. Acesso em: 17 jul. 2019.

■ Questões para revisão

1. O Plano Nacional de Segurança e Saúde no Trabalho (Plansat), publicado em 2012, tem por objetivo criar uma política de Estado, melhorar as condições nos ambientes de trabalho e estabelecer padrões normativos capazes de modificar a realidade existente hoje em SST. Desse modo, por que, até hoje, não vemos uma grande eficácia em sua implementação?
2. Toda empresa precisa constituir SESMT?
3. Assinale, entre as alternativas a seguir, aquela que **não** apresenta uma atribuição da Cipa:
    a. Identificar riscos nos ambientes de trabalho.
    b. Elaborar mapa de riscos.
    c. Realizar exames admissionais e periódicos.
    d. Contribuir com a elaboração do PPRA e do PCMSO.
    e. Auxiliar no desenvolvimento da Sipat.

4. Analise a Tabela 1.1 e aponte qual o dimensionamento do SESMT em uma empresa com 540 funcionários:
   a. 3
   b. 4
   c. 5
   d. 6
   e. 7

5. Programas e ações importantes para prevenção aos agravos em saúde e segurança do trabalho ganham força com a publicação de:
   a. Lei Orçamentária da União.
   b. Normas regulamentadoras (NRs).
   c. Plano Nacional de Segurança e Saúde no Trabalho (Plansat).
   d. Constituição Federal de 1988.
   e. Reforma trabalhista.

■ Questões para reflexão

1. Ao analisar o histórico de evolução da área de segurança do trabalho nos últimos 50 anos, como é possível vislumbrar o futuro da área? O que pode determinar mudanças efetivas que ampliem a prevenção nos ambientes de trabalho?

2. A atuação do SESMT é de fundamental importância para garantir um correto atendimento à legislação e a criação de ambientes mais seguros. Qual deve ser o papel do SESMT na estratégia de SST da empresa? Como incluir as políticas de saúde e segurança nas demais políticas empresariais?

3. A Cipa é o órgão da empresa com características mais democráticas em SST, pois pretende dar voz aos trabalhadores no planejamento e na execução das ações. Quais seriam os mecanismos gerenciais para garantir a efetiva participação dos trabalhadores na Cipa e como a empresa poderia aproveitar melhor essa contribuição?

2 Acidentes de trabalho: aspectos legais e prevencionistas

Conteúdos do capítulo
- *Bases legais dos acidentes de trabalho.*
- *Investigação e custos dos acidentes de trabalho.*
- *Equipamentos de proteção individual e coletiva.*

Após o estudo deste capítulo, você será capaz de:
1. *compreender o aspecto legal dos acidentes de trabalho;*
2. *reconhecer o impacto causado pelos custos com acidentes de trabalho e doenças ocupacionais;*
3. *entender o que é e para que serve uma investigação de acidentes;*
4. *identificar as aplicações dos equipamentos de proteção coletiva (EPC) e dos equipamentos de proteção individual (EPI).*

2.1 Aspectos legais

De acordo com a Lei n. 8.213, de 24 de julho de 1991, em seu art. 19: "Acidente de trabalho é o que ocorre pelo exercício do trabalho a serviço da empresa, ou de empregador doméstico, ou pelo exercício do trabalho do segurado especial, provocando lesão corporal ou perturbação funcional, de caráter temporário ou permanente". (Brasil, 1991)

É inegável a importância estratégica do combate aos acidentes e consequentes afastamentos do trabalho no planejamento empresarial, pois, cada vez mais, impactam não somente a qualidade interna da organização, mas também a questão financeira do negócio.

O conceito de acidente apresentado, previamente, no primeiro parágrafo, se refere ao que é chamado de *acidente típico*, mas, quando analisamos características, forma de ocorrência ou o tipo de ocorrência, esse conceito se amplia. No quadro a seguir, você encontra uma breve descrição dessas variantes:

Quadro 2.1 – Tipos de acidentes listados na legislação brasileira

Tipo de acidente	Descrição
Acidente típico	Acidente decorrente do exercício do trabalho pelo segurado.
Acidente de trajeto	Acidente que ocorre no trajeto entre a casa do trabalhador e a empresa onde eele trabalha.
Doenças relacionadas ao trabalho	**Doença profissional**: ocasionada pela exposição a determinado agente, tipificada por ramo de atividade. Por exemplo, silicose, desencadeada pela exposição à sílica. **Doenças do trabalho**: adquirida em função de condições particulares em que o trabalho é realizado, que tenha relação direta com ele. Por exemplo, surdez, ou disacusia, decorrente da exposição ao ruído.

O quantitativo desses acidentes, indicador essencial para as empresas, é contabilizado pelo Ministério da Fazenda, desde o ano de 2000, por meio da base de dados do Instituto Nacional do Seguro Social (INSS), com os números de comunicados de acidente de trabalho (CAT) e de benefícios concedidos de natureza acidentária. Esse documento é denominado *Anuário Estatístico de Acidentes de Trabalho (Aeat)* e fica disponível para *download* na página da Secretaria da Previdência (ver Brasil, 2016).

Nos últimos anos, os números de acidentes vêm caindo como resultado de medidas preventivas das empresas, ações fiscalizatórias e obrigações legais normativas, mas ainda estão longe de ser satisfatórios. Entre os anos de 2014 a 2016, foi observada uma redução de 20% no total de acidentes, apresentados resumidamente na Tabela 2.1, a seguir:

Tabela 2.1 – Quantitativo de acidentes de trabalho em relação ao tipo de registro

Situação do registro	Ano referência		
	2014	2015	2016
Com CAT registrada	564.283	507.753	474.736
Sem CAT registrada	148.019	114.626	104.199
Total	712.302	622.379	578.935

Fonte: Brasil, 2016, p. 68.

Apesar da redução importante observada nos últimos anos, o número ainda é impressionante, com mais de meio milhão de acidentes contabilizados em 2016.

Pela análise da tabela anterior, você possivelmente percebeu que o número de acidentes sem CAT registrada, mas que, ainda com direito ao benefício previdenciário, atinge números consideráveis, representando 18% do total de acidentes contabilizados no ano de 2016. O Gráfico 2.1 mostra os percentuais segmentados, observe:

Gráfico 2.1 – Percentual de usuários com direito previdenciário pós-acidente de trabalho

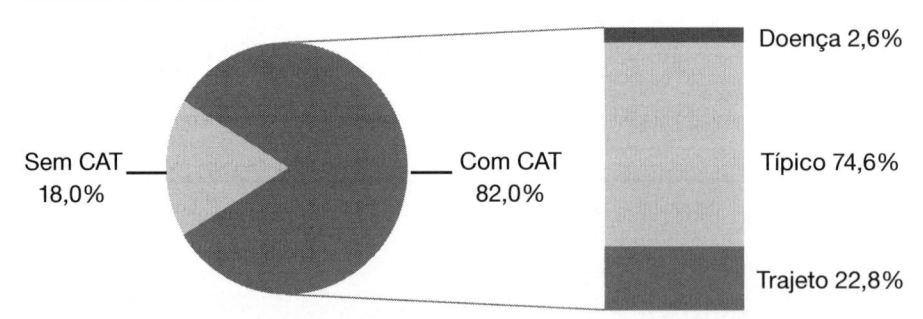

Sem CAT 18,0%
Com CAT 82,0%
Doença 2,6%
Típico 74,6%
Trajeto 22,8%

Fonte: Brasil, 2016, p. 68.

A emissão da CAT após um acidente é obrigação legal da empresa, pois trata-se de mecanismo de controle previdenciário e social. Entretanto, caso a empresa não o faça, o próprio órgão fiscalizador, ou mesmo o trabalhador, tem direito a solicitar o registro oficial do acidente.

Segundo o Observatório Digital em Saúde e Segurança do Trabalho, portal mantido pelo Ministério Público do Trabalho, entre os anos de 2012 e 2017, os gastos com benefícios acidentários ultrapassaram 28 milhões de reais, com mais de 332 mil dias de trabalho perdidos. Estima-se, inclusive, que os números subnotificados, ou seja, não registrados de nenhuma forma, sejam numericamente muito semelhantes aos números registrados, senão maior (MPT, 2019).

Um evento legal que contribuiu consideravelmente para o acompanhamento sistemático desse quantitativo de acidentes deve-se à publicação do fator acidentário previdenciário (FAP). Criado em 2007 por força do Decreto n. 6.042, de 12 de fevereiro de 2007 (Brasil, 2007) e com início operacional em 2010, o FAP é um índice aplicado sobre a contribuição de incidência de incapacidade laborativa, decorrente dos riscos ambientais de trabalho (RAT). A alíquota incide diretamente sobre a folha de pagamento, de acordo com o grau de risco vinculado à atividade econômica principal da empresa, sob vigilância da Receita Federal.

Observe, na Tabela 2.2, o percentual de contribuição de acordo com o grau de risco:

Tabela 2.2 – *Percentual de contribuição da empresa em relação ao grau de risco*

Grau de risco	(%) Contribuição
1	1%
2	2%
3	3%

Fonte: Elaborado com base em Brasil, 2007.

O intuito é que empresas com maior grau de risco (considerando acidentes, fatores ambientais e condições de periculosidade) tenham maior impacto de contribuição sobre a folha, subsidiando o referido fator.

Uma das ferramentas para formulação do grau de risco atribuído às atividades econômicas é o Nexo Técnico Epidemiológico (NTEP), também estabelecido pelo Decreto n. 6.042/2007. O NTEP cruza as informações provenientes dos dados previdenciários e estabelece, de acordo com a atividade da empresa, um nexo de causalidade, isto é, atribui uma espécie de "culpabilidade" da empresa que atua naquele ramo comercial quando um dado acidentário tem entrada no sistema (Brasil, 2007).

Essa inversão de entendimento foi um marco para as questões de saúde e segurança do trabalho, pois, a partir desses dados no sistema, cabe à empresa provar que o nexo não é devido. Até então, cabia sempre ao trabalhador a comprovação de que a doença ou a disfunção havia sido adquirida pelo exercer de sua atividade laboral.

Você pode estar pensando que o FAP/NTEP complicou a vida das empresas, mas isso não ocorreu necessariamente. Na verdade, o FAP/NTEP oferece uma oportunidade interessante às empresas que investem na prevenção aos agravos à saúde dos trabalhadores. Entenda:

1. O banco de dados da previdência é único, portanto, todas as empresas do mesmo ramo de atividade são incluídas no "mesmo pacote".

2. O FAP é uma alíquota variável, que tem a possibilidade de reduzir em 50% ou aumentar em 100% o impacto sobre a folha (para empresas), em função do desempenho direto sobre as questões prevencionistas.

Como exemplo, considere uma empresa com grau de risco 3 e folha de pagamento de 800 mil reais. Veja, na Figura 2.1, quanto ela poderá pagar mensalmente:

Figura 2.1 – Simulação de cálculo do FAP

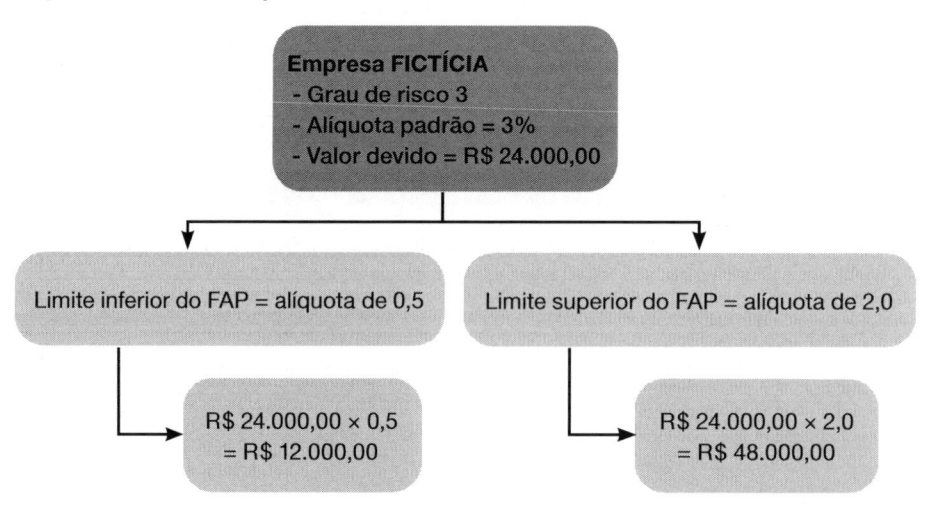

```
             Empresa FICTÍCIA
             - Grau de risco 3
             - Alíquota padrão = 3%
             - Valor devido = R$ 24.000,00
              /                    \
Limite inferior do FAP = alíquota de 0,5      Limite superior do FAP = alíquota de 2,0
         |                                              |
  R$ 24.000,00 × 0,5                              R$ 24.000,00 × 2,0
  = R$ 12.000,00                                   = R$ 48.000,00
```

Perceba que a mesma empresa poderá pagar, mensalmente, 24 mil reais ou 48 mil reais sobre uma folha total de 800 mil reais, de acordo com seus índices verificados no FAP.

Facilmente, você chegará à conclusão de que, se essa empresa for "igual" às demais de seu ramo, ela pagará o percentual do FAP também igual às demais; já, se ela investe em saúde e segurança do trabalho e tem índices menores do que seus iguais, poderá pagar até a metade do valor de base. Entretanto, se seus índices forem piores do que a média do setor, pagará até o dobro em contribuição.

Um gestor compreende perfeitamente segurança como investimento quando esses números são apresentados, uma vez que seu custo anual com saúde e segurança (em contribuição sobre a folha) pode ser de 144 mil ou de 576 mil reais!

2.2 Investigação e controle de acidentes de trabalho

Investigar acidentes no ambiente de trabalho não é uma tarefa fácil, ao contrário, requer método e coerência dos envolvidos, uma vez que erros metodológicos ou conclusões superficiais, normalmente, conduzem a ações falhas e sem aplicabilidade prática, ou mesmo que não permitam melhorar as condições de trabalho por meio de causas concretas dos acidentes.

Atente para alguns termos importantes que você encontrará nas investigações de acidentes de trabalho:

- **Ato inseguro**: relaciona-se com a atividade de trabalho das pessoas, com atos e ações desenvolvidas, condições e características pessoais. Ato inseguro remete diretamente ao comportamento das pessoas.

- **Condição insegura**: relaciona-se com o meio ambiente em que o trabalhador está inserido, incluindo máquinas, equipamentos, processos, entre outros. Causas muito frequentes de condições inseguras são falta de manutenção, erros de projeto, matérias-primas com defeito, entre outros.

O fato é que, em uma investigação de acidentes, precisamos caminhar na direção da causa-raiz, esteja ela nos processos, esteja nas pessoas. É muito comum, infelizmente, encontrarmos, nas investigações de acidentes, uma esmagadora maioria de causas associadas à falha humana, conforme Exemplo 2.1, a seguir.

Exemplo 2.1

Uma empresa de transportes iniciou uma investigação de acidentes após o motorista capotar um caminhão de açúcar em uma rodovia estadual. Na investigação, rapidamente, notou-se, no relato do próprio motorista, que ele dormiu ao volante e somente percebeu quando já estava saindo da pista.

O diagnóstico da investigação: falha humana, **ato inseguro**.

Entretanto, a consultoria de SST da empresa, analisando todos os casos de acidentes e incidentes, decidiu aprofundar as causas do evento e observou que:

- todos os motoristas cumprem longas jornadas de trabalho. O motorista envolvido no acidente estava em sua quarta viagem na semana, em que dirigia por 12 horas;

- os limites de velocidade não são respeitado, estipulando-se, como regra geral, o limite de velocidade em 80 km/h, mas o tempo de viagem previsto para entrega ao cliente é bem menor, obrigando o motorista a dirigir em uma velocidade mais alta.

Observe, portanto, que as **condições inseguras** do trabalhador são criadas pela empresa, que, ao invés de coibir os desvios, incentiva-os, mesmo de forma inconsciente.

Outro entendimento fundamental que devemos ter é que ninguém se acidenta porque quer! Mesmo que a causa aponte, diretamente, para a clara falha humana, devemos sempre investigar os motivos reais do acidente, entender, de fato, as causas que podem estar ocultas no primeiro momento, conforme observaremos no Exemplo 2.2, a seguir.

Exemplo 2.2

Um acidente foi registrado quando um operador não cumpriu o "procedimento padrão", determinado pela empresa, de que pistões devem ser instalados nas máquinas fazendo uso apenas da ponte rolante, em razão de o peso da peça ser de 18 kg. Entretanto, ao pegá-lo manualmente, esse operador derruba-o em cima do pé, causando fraturas em dois dedos.

Na investigação do acidente, com toda convicção, o profissional de segurança atribui a causa do acidente ao procedimento incorreto do operador, portanto, um **ato inseguro**.

Aprofundando a investigação e entendendo os requisitos do processo, foi identificado que os tempos de produção são muito apertados e, quando esse operador não cumpria o tempo de montagem, o supervisor cobrava que fosse feito no tempo programado. Esse procedimento (pegar a peça com a mão) já foi visto e efetuado muitas outras vezes, sem advertências ou punições, pois, afinal, otimiza o trabalho.

Você pode estar concluindo, então, que os procedimentos incorretos e inseguros tornam-se parte do processo, pois a empresa percebe um ganho em tempo quando as pessoas, em vez de utilizar a ponte, pegam o objeto manualmente. Desse modo, observamos uma **condição insegura** criada pelo próprio processo da empresa.

O exemplo citado é muito comum, especialmente, nas indústrias, onde os processos são muito controlados e auditados. A empresa se apropria dos atos inseguros dos trabalhadores e cria condições inseguras no ambiente de trabalho.

Entendemos que a imensa maioria dos acidentes de trabalho – incluindo, aqui, as doenças do trabalho e/ou ocupacionais – não são decorrentes de atos inseguros "puros", mas sim de uma série de condições inseguras criadas, mantidas ou mascaradas no dia a dia da empresa. No Exemplo 2.3, você pode conhecer uma dessas condições.

Exemplo 2.3

Em uma análise ergonômica do trabalho (AET) feita em uma indústria metalúrgica, foi observado um risco importante relacionado ao trabalho estático de membros superiores na atividade de solda dos operadores, mesmo com a presença de dispositivos auxiliares de elevação e giro dos componentes.

Na reunião de apresentação aos gestores, a situação de risco foi apresentada e chegou-se à conclusão de que a solução seria: (a) mudar o sistema, isto é, robotizar; (b) mudar o modo operatório das pessoas e do processo, rever inteiramente o trabalho padrão considerando questões ergonômicas, como posicionar peças em alturas adequadas, girar mais vezes o dispositivo auxiliar para evitar as elevações de ombro.

Entretanto, o único resultado prático observado, após algum tempo, foi um rodízio entre pessoas na linha de solda, visto que as outras soluções, a princípio, ou eram caras (robotização), ou de difícil implementação (revisão dos métodos implica tempo e custo).

A justificativa foi a de que "nunca tivemos problemas importantes neste setor"!

As investigações de acidentes – ou possíveis acidentes – permitem que a empresa entenda melhor perigos e riscos que podem estar presentes em sua atividade, pois são situações distintas. As definições apresentadas são provenientes da norma internacional de sistema de gestão em saúde e segurança do trabalho OHSAS 18.001, transformada em ISO 45.001 (ABNT, 2018):

- **Perigo**: é descrito como situação potencial de dano, seja às pessoas, seja à empresa.
- **Risco**: é a combinação de alguns fatores como probabilidade (chance do acontecimento) e severidade do dano (gravidade).

É muito comum que profissionais não familiarizados com a cultura prevencionista considerem os dois conceitos como sinônimos, ou seja, coloquem os dois no "mesmo pacote". Contudo, há diferenças fundamentais entre eles e, para que você possa compreendê-las, utilizaremos o Exemplo 2.3, referente ao soldador que realiza elevações de ombro e mantém em posição estática para executar sua tarefa. Vejamos, a seguir, dois cenários.

Cenário 1

Perigo: elevação de ombro.

Probabilidade: baixa → realiza o movimento esporadicamente.

Severidade: média → a materialização do evento pode levar a desconforto e sobrecarga fisiológica.

Magnitude do risco: nesse caso, a situação não se apresenta de maneira urgente, pois a chance da ocorrência é muito baixa pelo pouco tempo de exposição.

Cenário 2

Perigo: elevação de ombro.

Probabilidade: alta → realiza o movimento durante maior parte da jornada de trabalho.

Severidade: média → a materialização do evento pode levar a desconforto e sobrecarga fisiológica.

Magnitude do risco: aqui, temos uma situação extremamente séria, pois a exposição ao perigo (fator de risco) é alta e a materialização também. Portanto, uma condição que deve ser tratada de maneira prioritária.

Os dois cenários apresentados podem estar relacionados à mesma função, mas com necessidades diferentes. Em ambos, a severidade da lesão (caso se materialize) é média, mas a probabilidade, que se traduz pela exposição ao perigo, é diferente – baixa exposição no primeiro cenário e alta no segundo. Consequentemente, a magnitude do risco é maior no segundo caso.

As investigações sobre os riscos relacionados às atividades de trabalho devem possibilitar uma visão correta dessas necessidades e um direcionamento de esforços (humanos, técnicos e financeiros) para otimizar as ações.

Uma forma de agrupar um conjunto de trabalhadores que estão expostos a riscos idênticos ou, ao menos, semelhantes é a criação dos grupos homogêneos de exposição (GHE) e dos grupos similares de exposição (GSE). Agrupando um número razoável de pessoas em grupos homogêneos, o número de avaliações realizadas é reduzido, o que permite agilizar as ações em saúde e segurança.

Tão importante quanto a investigação e a análise dos acidentes é a investigação dos incidentes ocorridos. Um incidente é um "quase acidente", sem que, necessariamente, haja a materialização do evento, mas com importância de registro e investigação. Vejamos o Exemplo 2.4, a seguir.

Exemplo 2.4

A atividade de um trabalhador consiste em pegar sacos de açúcar de 25 kg em uma esteira e levá-los para armazenagem. Durante o trajeto, o operador tropeça em um cabo de energia que está cruzando o caminho dos trabalhadores, causando desequilíbrio, mas sem que ele deixe a carga cair. Essa é uma típica situação do "quase acidente" e que, se não registrada e melhorada, provavelmente, levará ao acidente no futuro.

2.3 Equipamentos de proteção individual (EPI) e equipamentos de proteção coletiva (EPC)

A proteção às situações de risco requer cuidado e monitoramento constante por parte de profissionais de segurança, gestores, trabalhadores e órgãos competentes. A situação de risco deve ser eliminada, sempre que possível, na fonte geradora (proteção coletiva) e que, apenas nos casos em que não for possível a eliminação, devem ser utilizados recursos adicionais de proteção (individual).

Um **EPC** atua diretamente na fonte geradora do risco com o objetivo de eliminar ou reduzir o risco para limites de tolerância permitidos pela legislação (abordaremos, mais adiante, os principais agentes agressores relacionados ao trabalho). Muitas vezes, não há somente um equipamento promovendo essa proteção coletiva, mas também um método, uma solução de projetos, uma mudança de ambiente.

O objetivo do **EPI** é promover segurança em situações em que não é possível (pelo menos de imediato) resolver a condição. São utilizados, como o próprio nome diz, de maneira individual, e, incluem-se, nesse grupo, protetores auditivos, óculos de proteção, luvas, capacetes, entre outros. No exemplo a seguir, podemos constatar a diferença entre uma ação direcionada para a proteção individual dos trabalhadores e uma ação para proteção coletiva.

Exemplo 2.5

Em uma fábrica de componentes eletrônicos, a sala de supervisão fica localizada bem no meio do processo produtivo. Uma avaliação de ruído apontou que, dentro da sala, os níveis sonoros alcançam 90 decibéis em um dia típico, acima dos limites de tolerância permitidos pela NR 15 (Brasil, 1978k).

Se pensarmos em uma solução com EPI, teremos todos os funcionários dessa sala utilizando protetores auditivos para reduzir os níveis de exposição.

É viável, entretanto, pensar em uma solução coletiva (EPC): melhorar a acústica das paredes com a troca do material, diminuindo os níveis sonoros na sala para 60 decibéis, enquadrando, inclusive, no índice de conforto da NR 17 (Brasil, 1978m).

O enclausuramento de uma máquina, como ilustrado na Figura 2.2, protege todo o conjunto de trabalhadores, evitando acidentes e incidentes desnecessários.

Figura 2.2 – Mecanismo de proteção coletiva

O uso de EPIs está regulamentado pela NR 6, que determina que todas as empresas devem fornecer tais equipamentos de maneira gratuita, em bom estado de conservação e orientar seus trabalhadores sobre como utilizá-los (Brasil, 1978e).

Os EPIs devem seguir algumas regras específicas, entre elas, está a necessidade de Certificação de Aprovação (CA), expedida por órgão competente nacional, que permite identificar a qualidade e rastreabilidade do equipamento (Brasil, 1978e).

Uma das principais causas de reclamações trabalhistas está alinhada, justamente, aos pedidos de insalubridade e de aposentadoria especial, que, em sua maioria, apontam para condições em que o risco estava presente e a empresa não fornecia, adequadamente, os EPIs. Muitas vezes, até fornece, mas não registra em documento.

As bases legais para os princípios de EPC e de EPI empregados neste momento estão fundamentadas na NR 4, que trata diretamente da competência dos Serviços Especializados em Engenharia de Segurança e em Medicina do Trabalho (SESMT) (Brasil, 1978c), e NR 6, norma específica sobre EPIs (Brasil, 1978e).

A NR 4, em seu item 4.12, alínea "b", assim prevê:

> Determinar, quando esgotados todos os meios conhecidos para a eliminação do risco [EPC] e este persistir, mesmo reduzido, a utilização, pelo trabalhador, de Equipamentos de Proteção Individual [EPI], de acordo com o que determina a NR 6, desde que a concentração, a intensidade ou característica do agente assim o exija. (Brasil, 1978c)

São exemplos de **medidas de proteção coletiva**:

- isolamento (enclausuramento) do ruído provocado por uma máquina;
- climatização de um ambiente considerado muito quente ou frio;
- ampliação da iluminação ambiente do local;
- placas e avisos em locais de importância ao processo;
- substituição de um piso muito liso por piso antiderrapante.

As **medidas de proteção individual**, como já mencionado previamente, têm normativa própria – NR 6 –, e os equipamentos podem ser comercializados somente após indicação do Certificado de Aprovação (CA), sob tutela do Ministério do Trabalho (Brasil, 1978e). A NR 6 traz ainda, em seu texto, as respectivas responsabilidades de empregados e empregadores quanto aos EPIs. Conheça algumas delas no Quadro 2.2, a seguir.

Quadro 2.2 – Responsabilidades de empregadores, empregados, fabricantes e órgãos reguladores quanto aos EPIs

Responsabilidades	Alínea	Descrição
Do empregador (item 6.6.1 da NR 6)	a	Adquirir EPI adequado ao risco de cada atividade.
	b	Exigir seu uso.
	c	Orientar quanto ao uso, guarda e conservação.
	d	Registrar seu fornecimento ao trabalhador.
Do empregado (item 6.7.1 da NR 6)	a	Usar, utilizando apenas na atividade a que se destina.
	b	Responsabilizar-se pela guarda e conservação.
	c	Comunicar ao empregador qualquer alteração.
	d	Cumprir determinações sobre o uso adequado.
Do fabricante (item 6.8.1 da NR 6)	b	Solicitar emissão do CA junto ao órgão competente.
	e	Responsabilizar-se pela qualidade do EPI.
	f	Comercializar apenas EPI portador de CA.
	j	Providenciar avaliação de conformidade EPI.

(continua)

(Quadro 2.2 – conclusão)

Responsabilidades	Alínea	Descrição
Do Ministério do Trabalho (item 6.11 da NR 6).	a	Cadastrar o fabricante ou importador do EPI.
	b	Emitir ou renovar os CA de EPIs.
	c	Estabelecer regulamentos técnicos.
	e	Fiscalizar a qualidade dos EPIs.
	g	Cancelar o CA, quando necessário.

Fonte: Elaborado com base em Brasil, 1978e.

O Anexo I da NR 6 descreve os equipamentos de proteção individual recomendados por partes do corpo, apresentados nos quadros que seguem.

Quadro 2.3 – EPIs para proteção da cabeça

Tipo	EPI
Capacete	Capacete para proteção contra impactos de objetos sobre o crânio.
	Capacete para proteção contra choques elétricos.
	Capacete para proteção do crânio e face contra agentes térmicos.
Capuz ou balaclava	Capuz para proteção do crânio e pescoço contra riscos de origem térmica.
	Capuz para proteção do crânio, face e pescoço contra respingos de produtos químicos.
	Capuz para proteção do crânio e pescoço contra agentes abrasivos e escoriantes.

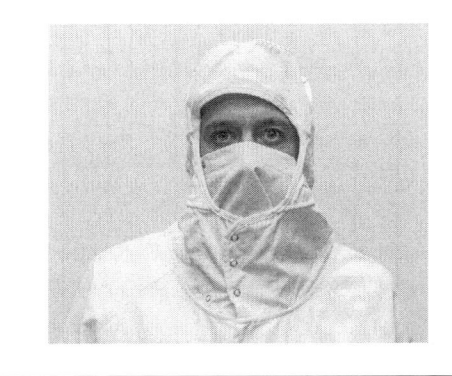

Fonte: Elaborado com base em Brasil, 1978e.

Quadro 2.4 – EPIs para proteção dos olhos

Tipo	EPI
Óculos	Óculos para proteção dos olhos contra impactos de partículas volantes.
	Óculos para proteção dos olhos contra luminosidade intensa.
	Óculos para proteção dos olhos contra radiação ultravioleta.
	Óculos para proteção dos olhos contra radiação infravermelha.

(continua)

(Quadro 2.4 – conclusão)

Tipo	EPI
Protetor facial	Protetor facial para proteção da face contra impactos de partículas volantes.
	Protetor facial para proteção da face contra radiação infravermelha.
	Protetor facial para proteção dos olhos contra luminosidade intensa.
	Protetor facial para proteção da face contra riscos de origem térmica.
	Protetor facial para proteção da face contra radiação ultravioleta.
Máscara de solda	Máscara de solda para proteção dos olhos e face contra impactos de partículas volantes, radiação ultravioleta, radiação infravermelha e luminosidade intensa.

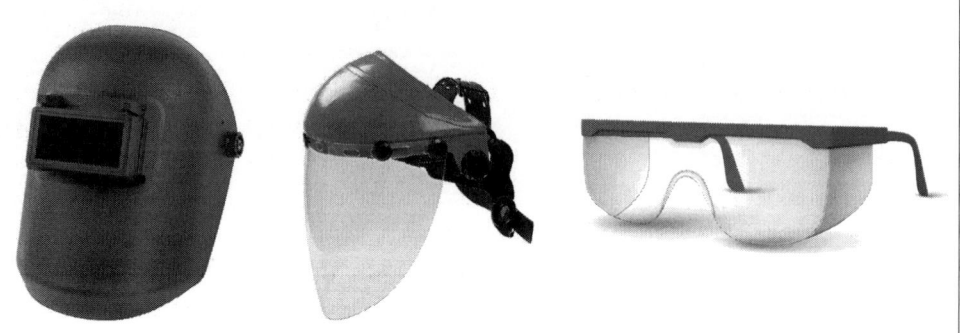

Fonte: Elaborado com base em Brasil, 1978e.

Quadro 2.5 – EPIs para proteção auditiva

Tipo	EPI
Protetor auditivo	Protetor auditivo circumauricular para proteção do sistema auditivo contra níveis de pressão sonora superiores ao estabelecido na NR 15, Anexos I e II.
	Protetor auditivo de inserção para proteção do sistema auditivo contra níveis de pressão sonora superiores ao estabelecido na NR 15, Anexos I e II.
	Protetor auditivo semiauricular para proteção do sistema auditivo contra níveis de pressão sonora superiores ao estabelecido na NR 15, Anexos I e II.

Fonte: Elaborado com base em Brasil, 1978e.

Quadro 2.6 – EPIs para proteção respiratória

Tipo	EPI
Respirador purificador de ar não motorizado	Peça semifacial filtrante (PFF1) para proteção das vias respiratórias contra poeiras e névoas.
	Peça semifacial filtrante (PFF2) para proteção das vias respiratórias contra poeiras, névoas e fumos.
	Peça semifacial filtrante (PFF3) para proteção das vias respiratórias contra poeiras, névoas, fumos e radionuclídeos.
	Peça um quarto facial, semifacial ou facial inteira, com filtros para material particulado tipo: para proteção das vias respiratórias contra poeiras e névoas e/ou; para proteção contra poeiras, névoas e fumos e/ou; para proteção contra poeiras, névoas, fumos e radionuclídeos.
	Peça um quarto facial, semifacial ou facial inteira, com filtros químicos e ou combinados para proteção das vias respiratórias contra gases e vapores e ou material particulado.
Respirador purificador de ar motorizado	Sem vedação facial, tipo touca de proteção respiratória, capuz ou capacete, para proteção das vias respiratórias contra poeiras, névoas, fumos e radionuclídeos e/ou contra gases e vapores.
	Com vedação facial, tipo peça semifacial ou facial inteira, para proteção das vias respiratórias contra poeiras, névoas, fumos e radionuclídeos e/ou contra gases e vapores.
Respirador de adução de ar tipo linha de ar comprimido	Sem vedação facial, de fluxo contínuo, tipo capuz ou capacete, para proteção das vias respiratórias em atmosferas com concentração de oxigênio maior do que 12,5%.
	Sem vedação facial, de fluxo contínuo, tipo capuz ou capacete, para proteção das vias respiratórias em operações de jateamento e em atmosferas com concentração de oxigênio maior que 12,5%.
	Com vedação facial, de fluxo contínuo, tipo peça semifacial ou facial inteira, para proteção das vias respiratórias em atmosferas com concentração de oxigênio maior que 12,5%.
	De demanda, com pressão positiva, tipo peça semifacial ou facial inteira, para proteção das vias respiratórias em atmosferas com concentração de oxigênio maior que 12,5%.
	De demanda, com pressão positiva, tipo peça facial inteira, combinado com cilindro auxiliar para proteção das vias respiratórias em atmosferas com concentração de oxigênio menor, ou igual, do que 12,5%, ou seja, em atmosferas imediatamente perigosas à vida e à saúde (IPVS).
Respirador de adução de ar tipo máscara autônoma	De circuito aberto, de demanda, com pressão positiva, para proteção das vias respiratórias em atmosferas com concentração de oxigênio menor, ou igual, do que 12,5%, ou seja, em atmosferas imediatamente perigosas à vida e à saúde (IPVS).
	De circuito fechado, de demanda, com pressão positiva, para proteção das vias respiratórias em atmosferas com concentração de oxigênio menor, ou igual, do que 12,5%, ou seja, em atmosferas imediatamente perigosas à vida e à saúde (IPVS).

(continua)

(Quadro 2.6 – conclusão)

Tipo	EPI
Respirador de fuga	Respirador de fuga, tipo bocal, para proteção das vias respiratórias contra gases e vapores e/ou material particulado, em condições de escape de atmosferas imediatamente perigosas à vida e à saúde (IPVS).

Fonte: Elaborado com base em Brasil, 1978e.

Quadro 2.7 – EPIs para proteção do tronco

Tipo	EPI
Vestimentas	Vestimentas para proteção do tronco contra riscos de origem térmica.
	Vestimentas para proteção do tronco contra riscos de origem mecânica.
	Vestimentas para proteção do tronco contra riscos de origem química.
	Vestimentas para proteção do tronco contra riscos de origem radioativa.
	Vestimenta para proteção do tronco contra umidade proveniente de precipitação pluviométrica.
	Vestimentas para proteção do tronco contra umidade proveniente de operações com uso de água.
	Colete à prova de balas de uso permitido para vigilantes que trabalhem portando arma de fogo, para proteção do tronco contra riscos de origem mecânica.

Fonte: Elaborado com base em Brasil, 1978e.

Quadro 2.8 – EPIs para proteção dos membros superiores

Tipo	EPI
Luvas	Luvas para proteção das mãos contra agentes abrasivos e escoriantes.
	Luvas para proteção das mãos contra agentes cortantes e perfurantes.
	Luvas para proteção das mãos contra choques elétricos.
	Luvas para proteção das mãos contra agentes térmicos.
	Luvas para proteção das mãos contra agentes biológicos.
	Luvas para proteção das mãos contra agentes químicos.
	Luvas para proteção das mãos contra vibrações.
	Luvas para proteção contra umidade proveniente de operações com uso de água.
	Luvas para proteção das mãos contra radiações ionizantes.
Creme protetor	Creme protetor de segurança para proteção dos membros superiores contra agentes químicos.
Manga	Manga para proteção do braço e do antebraço contra choques elétricos.
	Manga para proteção do braço e do antebraço contra agentes abrasivos e escoriantes.
	Manga para proteção do braço e do antebraço contra agentes cortantes e perfurantes.
	Manga para proteção do braço e do antebraço contra umidade proveniente de operações com uso de água.
	Manga para proteção do braço e do antebraço contra agentes térmicos.
Braçadeira	Braçadeira para proteção do antebraço contra agentes cortantes.
	Braçadeira para proteção do antebraço contra agentes escoriantes.
Dedeira	Dedeira para proteção dos dedos contra agentes abrasivos e escoriantes.

Fonte: Elaborado com base em Brasil, 1978e.

Quadro 2.9 – EPIs para proteção dos membros inferiores

Tipo	EPI
Calçado	Calçado para proteção contra impactos de quedas de objetos sobre os artelhos.
	Calçado para proteção dos pés contra agentes provenientes de energia elétrica.
	Calçado para proteção dos pés contra agentes térmicos.
	Calçado para proteção dos pés contra agentes abrasivos e escoriantes.
	Calçado para proteção dos pés contra agentes cortantes e perfurantes.
	Calçado para proteção dos pés e pernas contra umidade proveniente de operações com uso de água.
	Calçado para proteção dos pés e pernas contra respingos de produtos químicos.
Meia	Meia para proteção dos pés contra baixas temperaturas.
Perneira	Perneira para proteção da perna contra agentes abrasivos e escoriantes.
	Perneira para proteção da perna contra agentes térmicos.
	Perneira para proteção da perna contra respingos de produtos químicos.
	Perneira para proteção da perna contra agentes cortantes e perfurantes.
	Perneira para proteção da perna contra umidade proveniente de operações com uso de água.
Calça	Calça para proteção das pernas contra agentes abrasivos e escoriantes.
	Calça para proteção das pernas contra respingos de produtos químicos.
	Calça para proteção das pernas contra agentes térmicos.
	Calça para proteção das pernas contra umidade proveniente de operações com uso de água.
	Calça para proteção das pernas contra umidade proveniente de precipitação pluviométrica.

Fonte: Elaborado com base em Brasil, 1978e.

Quadro 2.10 – EPIs para proteção de corpo inteiro

Tipo	EPI
Macacão	Macacão para proteção do tronco e membros superiores e inferiores contra agentes térmicos.
	Macacão para proteção do tronco e membros superiores e inferiores contra respingos de produtos químicos.
	Macacão para proteção do tronco e membros superiores e inferiores contra umidade proveniente de operações com uso de água.
	Macacão para proteção do tronco e membros superiores e inferiores contra umidade proveniente de precipitação pluviométrica.
Vestimenta de corpo inteiro	Vestimenta para proteção de todo o corpo contra respingos de produtos químicos.
	Vestimenta para proteção de todo o corpo contra umidade proveniente de operações com água.
	Vestimenta condutiva para proteção de todo o corpo contra choques elétricos.
	Vestimenta para proteção de todo o corpo contra umidade proveniente de precipitação pluviométrica.

Fonte: Elaborado com base em Brasil, 1978e.

Quadro 2.11 – EPIs para proteção contra quedas com diferença de nível

Tipo	EPI
Cinturão de segurança com dispositivo trava-queda	Cinturão de segurança com dispositivo trava-queda para proteção do usuário contra quedas em operações com movimentação vertical ou horizontal.
Cinturão de segurança com talabarte	Cinturão de segurança com talabarte para proteção do usuário contra riscos de queda em trabalhos em altura.
	Cinturão de segurança com talabarte para proteção do usuário contra riscos de queda no posicionamento em trabalhos em altura.

Fonte: Elaborado com base em Brasil, 1978e.

Estudo de caso

Fornecimento de EPI não desobriga empregador de pagar adicional de insalubridade

A 10ª Turma do TRT-MG julgou o recurso de uma empresa, por meio do qual ela pretendia ser absolvida da condenação ao pagamento do adicional de insalubridade. A empregadora argumentou que fornecia, corretamente, os equipamentos de proteção individual e que estes eram adequados e suficientes para neutralizar a ação do agente insalubre.

Mas, a partir da análise da prova pericial, os julgadores constataram que a empresa descumpriu sua obrigação de orientar e fiscalizar o uso correto dos equipamentos pelos empregados. "Ainda que reste superada a controvérsia acerca do fornecimento de EPIs, isso não ocorreu com relação ao seu uso. Assim, não há evidência de que o reclamante tenha exercido suas funções devidamente protegido – e isso é ponto fundamental", ressaltou a juíza convocada Sueli Teixeira, relatora do recurso.

De acordo com o laudo pericial, ficou caracterizada a insalubridade em grau máximo nas atividades desenvolvidas pelo empregado. O perito apurou que a atividade exercida pelo trabalhador na solda elétrica acarretava exposição à sílica livre cristalizada acima dos limites de tolerância. Ele informou ainda que o trabalho do soldador é exercido de forma contínua e que a concentração de fumos metálicos, resultante da queima do fio de solda durante o procedimento também dá direito à insalubridade.

O laudo pericial deixou claro que até mesmo medição apresentada pela empresa indica a exposição acima dos limites de tolerância. Conforme ficou registrado no laudo, os operadores de solda sequer utilizavam máscara respiratória no momento da perícia.

Na avaliação da relatora, a empresa não produziu provas suficientes para contradizer as conclusões do laudo pericial. Embora tenha sido comprovado o fornecimento de EPIs, a empresa não demonstrou que tenha havido substituição, treinamento ou fiscalização do uso desses equipamentos. Ao contrário, o que a perícia demonstrou foi que não foram eliminadas ou neutralizadas as ações maléficas do agente insalubre.

Conforme acentuou a julgadora, o fornecimento e o uso de EPIs são fatos diferentes e que necessitam de prova quando controversos. É o que diz a Súmula 289 do TST, ao mencionar que o simples fornecimento do aparelho de proteção pelo empregador não o desobriga do pagamento do adicional de insalubridade, cabendo a ele tomar as medidas que conduzam à diminuição ou eliminação da nocividade, entre as quais o uso efetivo do equipamento.

Com base nesse entendimento, a Turma confirmou a sentença que condenou a empresa ao pagamento do adicional de insalubridade em grau máximo. (0103900-06.2009.5.03.0024 RO)

Fonte: TRT3, 2011.

■ Síntese

Os acidentes de trabalho e as doenças ocupacionais representam um grave problema de saúde pública, pois envolvem altíssimos custos sociais, demandam muitas áreas envolvidas e têm forte impacto na economia atual.

Neste capítulo, destacamos que sistematizar investigações, agir proativamente e criar mecanismos de controle para a eliminação dos riscos, como a adoção de EPCs e de EPIs, deve ser prioridade no plano estratégico das organizações, uma vez que o custo da insegurança pode tornar-se extremamente elevado, ao passo que o investimento nas ações pode reverter-se em benefícios fiscais para as organizações.

A compreensão dos aspectos legais e do impacto financeiro, social e previdenciário dos acidentes permite que o profissional determine as melhores técnicas de investigações dos acidentes, bem como opte por medidas preventivas e/ou corretivas adequadas, sejam individuais, sejam coletivas. Como enfatizamos, o investimento em saúde e segurança do trabalho pode ser quantificado pelas empresas e trazer importantes retornos monetários.

■ Para saber mais

Para aprofundar seus conhecimentos sobre os conceitos abordados neste capítulo, indicamos um guia para análise de acidentes que pode auxiliar na sistematização das investigações, o qual você encontra na seção de publicações e manuais do Ministério do Trabalho.

BRASIL. ENIT – Escola Nacional da Inspeção do Trabalho. Secretaria de Inspeção do Trabalho. **SST – Normatização**. Disponível em: <https://enit.trabalho.gov.br/portal/index.php/seguranca-e-saude-no-trabalho/sst-menu/sst-normatizacao?view=default>. Acesso em: 24 out. 2019.

■ Questões para revisão

1. Qual a diferença entre doença do trabalho e doença profissional?

2. Nas análises de acidentes, as conclusões, normalmente, conduzem ao *ato inseguro* ou à *condição insegura* como resultado. Diferencie os dois termos.

3. "Índice aplicado sobre a Contribuição de Incidência de Incapacidade Laborativa decorrente dos Riscos Ambientais de Trabalho (RAT). A alíquota incide diretamente sobre a folha de pagamento de acordo com o grau de risco vinculado a atividade econômica principal da empresa". O texto refere-se a:

    a. FAP.
    b. NTEP.
    c. PPRA.
    d. CAT.
    e. AET.

4. Assinale a alternativa que **não** pode ser enquadrada como equipamento de proteção coletiva (EPC):

    a. Enclausuramento do ruído provocado por uma máquina.
    b. Climatização de um ambiente considerado muito quente ou frio.
    c. Ampliação da iluminação ambiente do local.
    d. Placas e avisos em locais de importância ao processo.
    e. Protetor auditivo para atenuar o ruído de uma máquina.

5. Assinale a alternativa que indica responsabilidade do empregado quanto ao uso do equipamento de proteção individual (EPI):

    a. Responsabilizar-se pela troca do equipamento.
    b. Comunicar ao fornecedor qualquer alteração.
    c. Usar o EPI apenas durante a atividade a que se destina.
    d. Observar se o EPI tem certificado de aprovação.
    e. Buscar treinamento e orientações de uso.

■ Questões para reflexão

1. Qual o papel do profissional de segurança do trabalho quando a empresa se nega a oferecer um EPC em substituição ao EPI?

2. Como as empresas podem utilizar o FAP para garantir investimentos na área de saúde e segurança do trabalho?

3 Fatores de risco nos ambientes de trabalho

Conteúdos do capítulo
- *Fatores de risco.*
- *Documentos base em SST.*
- *Métodos e programas preventivos.*

Após o estudo deste capítulo, você será capaz de:
1. *entender o que são fatores de risco e como se comportam no ambiente de trabalho;*
2. *compreender o que são documentos de base: PPRA e PCMSO;*
3. *relacionar as demais normas regulamentadoras com os programas de base;*
4. *aplicar métodos para avaliar e gerenciar riscos ocupacionais.*

3.1 Noções básicas sobre fatores de risco

Ao tratarmos de fatores de risco, somos remetidos ao conceito de que são condições que potencializam a chance de o evento danoso ocorrer. Em saúde, temos várias condições amplamente divulgadas que exemplificam esse conceito:

- Segundo a Sociedade Brasileira de Diabetes, hipertensão, altos níveis de colesterol e sobrepeso são fatores de risco para o desenvolvimento de Diabetes tipo 2*.
- Para a Sociedade Brasileira de Cardiologia, hipertensão, diabetes, sedentarismo e estresse são alguns fatores de risco para diversas doenças do coração.
- Uma das consequências da exposição prolongada a altos níveis de pressão sonora é a perda auditiva.

* Diabetes tipo 2 corresponde a 90% dos casos de diabetes, incide normalmente em adultos com mais de 40 anos de idade, em geral, decorrente de maus hábitos alimentares, sedentarismo e estresse.

Independentemente do contexto em que esteja inserido, o fator de risco deve ser identificado, mensurado e eliminado – quando isso não for possível, ao menos, deve ser controlado. Portanto, é primordial pensar em métodos adequados de identificação e avaliação que forneçam bases confiáveis para as medidas preventivas que serão propostas.

Estabelecer mecanismos de controle para os fatores de risco significa determinar exatamente quais são os critérios de avaliação – como a exposição e severidade – e definir os meios de registro e de quantificação, de modo que toda equipe envolvida tenha os mesmos objetivos e planos de ação.

Não se pode permitir que desvios aos padrões de segurança aconteçam com vistas a preservar o sistema produtivo em vez da saúde das pessoas. Observe, nos exemplos a seguir, algumas condições importantes que podem facilmente ser burladas se não tivermos um método conciso de avaliação e monitoramento.

Exemplo 3.1

Em uma indústria de lubrificantes existe uma atividade relacionada ao envase de graxas. Um dos operadores posiciona os frascos de plástico na válvula de enchimento, aciona, pesa, fecha e posiciona na bancada para que o segundo operador coloque as embalagens na caixa, feche e monte o *pallet* com a quantidade de 50 caixas.

Durante observação do modo operatório dos trabalhadores, percebe-se que, toda vez que o operador fecha a válvula de enchimento, um pouco de graxa sobra no bocal e, para que não fique caindo no chão, existe uma espécie de espátula para retirada do excesso de produto do bocal. Entretanto, para não perder tempo, muitas vezes, o operador retira esse excesso com o dedo. Esse simples fato observado leva a algumas conclusões importantes:

- a empresa conhece o fato, mas não adverte, portanto, assume que está correto o desvio ao procedimento;
- produtos que apresentam hidrocarboneto em sua fórmula (como é o caso de óleos e graxas) conferem direito à adicional de insalubridade, conforme a NR 15 (Brasil, 1978k);
- a intoxicação decorrente de hidrocarbonetos pode causar sérias disfunções cardíacas, pulmonares e neurológicas.

Exemplo 3.2

Em uma usina de açúcar e álcool, a armazenagem de açúcar é feita por dois operadores: um deles, com a empilhadeira, retira os *bags* de açúcar do caminhão e leva ao local de armazenamento enquanto o outro operador direciona os locais e auxilia na retirada das lingas*. Quando a carga está alta (pé direito do barracão atinge cerca de 15 metros), o segundo operador trabalha em altura, fazendo a retirada da linga fixada nos *bags* de açúcar.

Ao entrar no barracão, logo percebe-se que o local é escuro, pois existe apenas a iluminação natural que entra por algumas janelas. A justificativa é que a atividade de armazenagem de açúcar em galpões é enquadrada como atividade perigosa, pois existe risco de explosão devido às partículas em suspensão no ar. Com isso, assume-se o risco de queda do operador e aceita-se a dificuldade visual de trabalhar no escuro.

Entretanto, atualmente, existem luminárias à prova de explosão, que poderiam ser instaladas no local, mas, "como nunca houve acidente nem problemas de saúde", decide-se não investir para reduzir os fatores de risco.

Não basta, portanto, estabelecer critérios que fiquem apenas no papel, sem sair da esfera burocrática, ou seja, não se traduzem em práticas. Os procedimentos servem para orientar a prática prevencionista do dia a dia; caso o profissional de segurança identifique que os procedimentos não atendem à necessidade real dos trabalhadores, eles precisam ser revistos.

---

* Dispositivo (cabos) para içamento de objetos pesados.

3.2 Programa de Prevenção de Riscos Ambientais

A NR 9 prevê, em seu texto, que todas as empresas que admitam empregados têm obrigação de desenvolver o Programa de Prevenção de Riscos Ambientais (PPRA), com o objetivo de identificar e caracterizar os agentes passíveis de causar agravos à saúde e à integridade dos trabalhadores (Brasil, 1978g).

O documento-base do PPRA deve permitir que a empresa antecipe, reconheça, avalie e controle os riscos ambientais, permitindo a participação dos trabalhadores e deve estar articulado com as demais medidas de prevenção adotadas na empresa. De acordo com a NR 9 (Brasil, 1978g), ele compreende as seguintes etapas:

- **Antecipação**: visa identificar possíveis riscos que venham a fazer parte do ambiente e atividades dos trabalhadores. Aplicável, por exemplo, em situações de mudança de *layout*, incremento de novo processo ou de nova máquina/equipamento.

- **Reconhecimento**: etapa subsequente à antecipação, tem por objetivo descrever os riscos encontrados de maneira que seja possível identificá-los quanto à fonte, à forma de propagação e aos trabalhadores expostos. Atualmente, a fase de reconhecimento de riscos (qualitativa) é fundamental para o preenchimento dos riscos presentes em cada ambiente de trabalho no eSocial. A normativa preconiza que sejam reconhecidos os riscos físicos, químicos e biológicos; algumas empresas optam por acrescentar, no PPRA, os riscos mecânicos (de acidentes) e os ergonômicos.

- **Avaliação**: sempre que possível, os riscos encontrados devem ser mensurados de modo que se possa caracterizar ou não se eles estão dentro dos limites de exposição (descrito em detalhes mais adiante). A quantificação serve, ainda, para dar suporte às medidas preventivas e de controle que serão adotadas no decorrer do programa.

- **Controle**: os riscos devem sempre ser eliminados em qualquer situação, entretanto, é pouco provável que o ambiente esteja livre de situações potenciais de danos à saúde dos trabalhadores, sendo assim, são necessários meios de acompanhamento desses fatores. Auditorias, inspeções de segurança, equipamentos de proteção individual (EPIs), equipamentos de proteção coletiva (EPCs) e o próprio Programa de Controle Médico e Saúde Ocupacional (PCMSO) são alguns instrumentos empregados nessa etapa.

O empregador é o responsável pelo desenvolvimento e condução do PPRA, cuja característica fundamental é ser um documento norteador para as demais ações na empresa. Segundo a NR 9, planejamento, execução e acompanhamento devem ser contínuos (anuais) e acompanhados por equipe especializada em saúde e segurança do trabalho, pelos membros da Comissão Interna de Prevenção de Acidentes (Cipa) e pela alta direção (Brasil, 1978g).

Ressaltamos que, em nossa prática prevencionista, temos visto muitas empresas optarem por elaborar o PPRA como documento-base, alinhado às políticas de saúde e segurança da empresa e com reconhecimento dos riscos nos ambientes de trabalho, mas, na necessidade de avaliações quantitativas com relação aos riscos químicos, físicos e biológicos, essas empresas optam por elaborar documento separado, no caso, o Laudo Técnico das Condições Ambientais de Trabalho (LTCAT), permitindo caracterizar ou não as situações de insalubridade e periculosidade (tópicos que serão abordados mais adiante). No entanto, essa escolha é recomendável para grandes empresas, visto que o PPRA passa a ser considerado, realmente, como documento norteador e, a partir dele, diversas ações são tomadas para correta quantificação dos riscos. Em empresas de pequeno porte, essa prática torna-se difícil em razão dos custos envolvidos e, nesse caso, o que se percebe são as medições quantitativas realizadas diretamente no PPRA.

É fundamental que o PPRA e os demais programas preventivos estejam alinhados com a estratégia empresarial, de preferência na etapa de projetos, a fim de evitar custos posteriores e retrabalhos, como você pode acompanhar no Exemplo 3.3, a seguir.

Exemplo 3.3

Um projeto de automatização do setor de usinagem foi a solução encontrada por uma empresa metalúrgica para melhorar os tempos de produção e os requisitos de qualidade na manufatura de autopeças.

O setor de segurança realizou uma investigação para antecipar possíveis riscos decorrentes da nova tecnologia, com prazo de início em seis meses. Nas primeiras verificações, já foram constatados problemas com relação ao *layout*, visto que a nova máquina tomaria todo o espaço de operação dos trabalhadores, exigindo posturas inadequadas para a operação. Outro fator identificado foi a falta de proteção da nova máquina (importada e que não atende à NR 12 – Brasil, 1978j) e, portanto, um projeto adicional seria necessário.

Em tempos, o projeto foi implementado, mas não sem antes o espaço físico do local ser adequado para melhorar a operação dos trabalhadores e serem feitos ajustes de segurança da máquina, de acordo com a NR 12 (Brasil, 1978j), o que exigiu três meses adicionais para o início da operação.

Casos como o ora relatado mostram aspectos que são fundamentais na fase de projeto porque, após implementados, fica mais difícil e mais cara a adaptação das condições de trabalho. Muitas vezes, infelizmente, essas adequações nem acontecem posteriormente, o que obriga os trabalhadores a se adaptarem às situações de risco geradas pela nova tecnologia adquirida.

3.3 Programa de Controle Médico e Saúde Ocupacional

O PCMSO e o PPRA são os documentos prioritários no que se refere à prevenção de problemas de saúde dos trabalhadores e compõem a linha de frente – prática e documental – das empresas. O PCMSO contempla, de maneira abrangente, as medidas de acompanhamento da saúde dos trabalhadores, desde sua entrada na empresa até o momento do desligamento. Todas as condições identificadas e reconhecidas no PPRA devem estar em consonância com o PCMSO, compreendendo, entre outras, as seguintes ações:

- **Exames admissionais**: exames clínicos a que o trabalhador é submetido quando admitido pela empresa, com intuito de verificar seu estado atual de saúde. Se o trabalhador estiver apto a desempenhar as funções do cargo para o qual está concorrendo, o médico emite o Atestado de Saúde Ocupacional (ASO), alegando essa condição de saúde.

- **Exames periódicos**: de acordo com a atividade da empresa e os riscos presentes nos ambientes de trabalho, o médico determina a periodicidade de verificação das condições de saúde dos trabalhadores – em geral, uma vez ao ano ou a cada seis meses. O objetivo é identificar possíveis agravos à saúde decorrentes das exposições aos riscos previamente identificados. As rotinas e os exames de acompanhamento variam conforme a necessidade apontada no PPRA e PCMSO.

- **Exames de retorno ao trabalho**: quando, por algum motivo de saúde, o funcionário necessita se afastar de sua atividade de trabalho, é necessário que, ao retornar, seja feito novo exame para avaliação das condições atuais de saúde. O exame de retorno ao trabalho também objetiva verificar se o trabalhador está apto a realizar as funções inerentes à sua atividade.

- **Exame de mudança de função**: a princípio, sempre que o funcionário mudar de função na empresa, ele deve passar por avaliação médica para verificar se está em condições de exercê-la. Essa prática é comum na imensa maioria das vezes em que o funcionário desenvolve uma doença relacionada ao trabalho – por exemplo, uma inflamação no ombro em uma atividade em que realiza frequentes flexões acima de 90 graus – e necessita de uma mudança de função para não ficar exposto novamente ao agente causador.

- **Exame demissional**: semelhante ao exame admissional, mas com intuito de avaliar, no momento do desligamento, se o funcionário está em plenas condições de saúde. Também é emitido o ASO a cada exame clínico realizado.

Fique atento!

O ASO é um importante instrumento gerencial na área de saúde e segurança, seja para as condições de saúde dos trabalhadores, como já mencionado, seja para a contratação de prestadores de serviços pelas empresas. É um dos primeiros documentos solicitados aos prestadores de serviço de modo a comprovar o estado de saúde das pessoas externas que adentram no ambiente de trabalho.

Você precisa atentar que o PCMSO deve estar sempre alinhado às ações dos Serviços Especializados em Engenharia de Segurança e em Medicina do Trabalho (SESMT) e da Cipa, assim como da política de saúde e segurança da empresa. Empresas de pequeno porte estão desobrigadas de manter algumas formalidades relativas ao PCMSO (itens 7.3.1.1 e subitens da NR 7 – Brasil, 1978f). Nesses casos, é de suma importância que a alta administração da empresa esteja atenta e alinhada com as questões documentais dos empregados.

A NR 7 descreve o modelo de relatório anual de controle do programa, que poderá ser eletrônico (em meios próprios) ou impresso:

Quadro 3.1 – Relatório anual do PCMSO

Responsável:			Data: Assinatura:		
Setor	Natureza do exame	Número anual de exames realizados	Número de resultados anormais	% do total	Número de exames para o ano seguinte

Fonte: Brasil, 1978f.

3.4 Riscos inerentes às atividades diversas

O PPRA e PCMSO definem-se como mecanismos norteadores das ações em saúde e segurança e, a partir desses instrumentos, várias outras condições em particular podem ser verificadas, aprofundadas e tratadas de maneira adequada.

É importante ressaltar que algumas situações identificadas no PPRA precisam ser tratadas com algumas particularidades, de modo a atender às demais NRs, como é o caso do serviço em instalações e com eletricidade, do transporte e da movimentação de materiais, da segurança em máquinas e equipamentos, no trabalho a céu aberto, em espaços confinados e no trabalho em altura. A seguir, vamos abordar um pouco sobre cada um desses casos.

3.4.1 Segurança em instalações e serviços com eletricidade

A NR 10 trata especificamente desse tema e determina critérios para identificar situações de risco e medidas de controle para proteção dos trabalhadores em contato direto com instalações elétricas e serviços com eletricidade (Brasil, 1978h).

Essa norma aplica-se a todas as atividades relacionadas à geração, transmissão, distribuição e consumo, assim como à operação e manutenção de redes elétricas, diretamente ou nas proximidades (Brasil, 1978h).

Vejamos alguns itens importantes abordados pela norma:

- **Medidas de proteção coletiva**: assim como outras normas, a prioridade deve sempre ser por medidas resolutivas ou coletivas, como a desenergização elétrica e o emprego de tensão de segurança. Também é importante criar obstáculos e barreiras de acesso, sinalizar corretamente as vias e os locais específicos e promover adequado aterramento das instalações.

- **Equipamentos de proteção individual**: adoção de EPIs – que atendam às condições previstas na NR 6 (Brasil, 1978e) –, nas situações em que os riscos não puderem ser eliminados na fonte geradora. Deverá, ainda, ser proibido o uso de acessórios pessoais (adornos) nas áreas de operação da referida norma.

- **Capacitação e autorização dos trabalhadores**: apenas trabalhadores capacitados devem receber autorização para trabalhos com as condições especificadas anteriormente. Essa capacitação deve contemplar, no mínimo,

40 horas para o curso básico e mais 40 horas de curso complementar para os trabalhadores que atuarão no Sistema Elétrico de Potência (SEP).

- **Procedimentos operacionais**: além da autorização prévia dos trabalhadores, mencionada anteriormente quanto à capacitação, é necessário que haja uma inspeção prévia e uma liberação formal emitida por profissional da área de segurança.

- **Situações de emergência**: as tarefas nos serviços de eletricidade demandam que os planos emergenciais estejam programados e previamente documentados (métodos padronizados). Os trabalhadores encarregados desse plano de emergência devem ter capacitação para prestar os primeiros socorros em casos emergenciais (Brasil, 1978h).

3.4.2 Transporte, movimentação, armazenagem e manuseio de materiais

As atividades de movimentação e armazenagem de materiais descritas pela NR 11 referem-se ao uso de guindastes, pontes rolantes, talhas e outros dispositivos mecânicos utilizados de modo auxiliar (Brasil, 1978i).

Os dispositivos têm por objetivo reduzir sobrecarga funcional dos trabalhadores e permitir a movimentação de peças/componentes pesados, mas seu uso precisa estar sob a garantia aos operadores de condições de segurança, resistência e conservação – cabos de aço, cordas, correntes e ganchos devem ser inspecionados frequentemente.

Trabalhadores motorizados (como no caso de empilhadeiristas) somente podem ser autorizados para o desempenho da função depois de receber capacitação prevista para isso e portar crachá de identificação em local visível. Todos os equipamentos motorizados devem ter sinalização sonora e, se possível, luminosa.

A armazenagem de materiais deve proporcionar segurança à operação e ao trabalhador, não sendo permitidas atividades de trabalho em locais com pisos irregulares, iluminação deficiente, disposição de *layout* que obstrua vias de acesso e saídas de emergência ou, ainda, que interfiram no posicionamento dos equipamentos de proteção contra incêndio.

A NR 11 estabelece programa de capacitação mínimos, com módulos específicos e carga horária predeterminadas para liberação das operações (Brasil, 1978i):

- Saúde, segurança e higiene do trabalho = 16 horas
- Estudo do Anexo I da NR 11 = 4 horas
- Segurança na operação de ponte rolante = 16 horas

3.4.3 Segurança no trabalho em máquinas e equipamentos

A NR 12 refere-se à segurança na operação de máquinas e equipamentos, em razão da diversidade de dispositivos disponíveis e do nível de complexidade em algumas tarefas, com riscos iminentes de acidentes (Brasil, 1978j). Ela é uma das normas regulamentadoras mais extensas e complexas.

Parte dessa complexidade está centrada no fato de que muitas máquinas utilizadas nas indústrias são importadas e, quando chegam ao país, necessitam de ajustes para operação, seja em acionamentos, seja em dispositivos de isolamento dos riscos ou mesmo na capacitação das pessoas.

Vejamos, a seguir, alguns itens contemplados pela norma:

- **Arranjo físico e instalações**: as áreas onde as máquinas e os equipamentos ficam alocados devem ser devidamente sinalizadas, devem ter áreas de circulação livres e em bom estado de conservação, assim como áreas destinadas ao armazenamento de equipamentos, destinados especificamente para esse fim.

- **Instalações e dispositivos elétricos**: o *layout* deve permitir a prevenção de choques elétricos, incêndio ou explosão previstos na NR 10 (Brasil, 1978h); quadros de energia devem ser acessíveis e sinalizados adequadamente, bem como deve haver dispositivos de proteção contra sobrecorrente quando necessário.

- **Dispositivos de acionamento, partida e parada**: fonte de muitos problemas quando mal projetados, os dispositivos em questão devem estar localizados longe de zonas perigosas na operação, ter acionador de emergência para situações eventuais, impedir que haja acidentalmente contatos de acionamento ou desligamento e que não possam ser burlados (aumentado o estado de segurança) – se necessário, bloqueios adicionais devem ser instalados e sinalizados. Os dispositivos de parada não devem prejudicar a eficiência dos demais sistemas de segurança e tampouco criar riscos adicionais.

- **Sistemas de segurança**: todos os sistemas de segurança em máquinas e equipamentos devem ser indicados mediante estudo técnico e de acordo com as características do processo de trabalho. Os dispositivos de que trata a norma referem-se a: interfaces de segurança, dispositivos de intertravamento, sensores, limitadores e/ou separadores, dispositivos de validação.

- **Meios de acesso permanente**: sempre que possível, as máquinas e os equipamentos devem permanecer fixos, com fácil acesso, permitindo que as intervenções, quando necessárias, sejam feitas com segurança. Na impossibilidade dessas condições, devem ser utilizados escadas, elevadores, plataformas e demais dispositivos móveis.

- **Componentes pressurizados**: deve ser dada especial atenção às condições de pressurização de mangueiras e tubulações, que devem estar em áreas especiais, que não comprometam as condições de segurança da operação e com planos de emergência para o caso de acidentes eventuais.

- **Transporte de materiais**: as ações devem permitir a prevenção de acidentes relacionados à queda, ao esmagamento e ao aprisionamento, principalmente na operação de contrapesos, correntes, roldanas, engrenagens e outros. Nenhum operador deve permanecer ou circular por baixo de objetos suspensos, portanto, a empresa deve adotar medidas que impeçam esse trânsito.

- **Aspectos ergonômicos**: as máquinas e os equipamentos devem permitir condições adequadas à antropometria dos trabalhadores, facilitando áreas de alcance, de acesso, a fim de respeitar exigências posturais e cognitivas dos trabalhadores, reduzir a necessidade de força excessiva e observar condições de iluminação e ruído adequadas. O ritmo e a velocidade da máquina, quando controlados automaticamente pelo processo, devem estar compatíveis com a capacidade física e cognitiva das pessoas (Brasil, 1978i).

Você deve atentar que essa NR apresenta 12 anexos, contendo: dimensões e conteúdos importantes em termos de *layout*, capacitação das pessoas e atividades específicas para diversas máquinas e equipamentos, como você pode conferir no Quadro 3.2, a seguir.

Quadro 3.2 – Relação de anexos da NR 12

Anexo	Descrição / aplicação
I	Distâncias de segurança e requisitos para o uso de detectores de prensa optoeletrônicos
II	Conteúdo programático das capacitações
III	Meios de acesso permanentes
IV	Glossário
V	Motosserras
VI	Máquinas para panificação e confeitaria

(continua)

(Quadro 3.2 – conclusão)

Anexo	Descrição / aplicação
VII	Máquinas para açougue, mercearia, bares e restaurantes
VIII	Prensas e similares
IX	Injetora de materiais plásticos
X	Máquinas para fabricação de calçados e afins
XI	Máquinas e implementos para uso agrícola e florestal
XII	Equipamentos de guindar para elevação de pessoas e realização de trabalhos em altura

Fonte: Elaborado com base em Brasil, 1978j.

3.4.4 Trabalho a céu aberto

O trabalho a céu aberto está contemplado na NR 21 e tem como objetivo reduzir os impactos do trabalho exposto a intempéries, na maioria das vezes pelo sol, mas também com relação a frio, calor, umidade e ventos (Brasil, 1978o).

Existe certa dificuldade técnica em proporcionar condições sanitárias e de segurança em determinados locais por questões geográficas, de *layout*, de isolamento, entre outros, mesmo assim as empresas devem providenciar condições sanitárias mínimas – ainda que rústicas – para proteção, segurança e conforto das pessoas, como abrigos, vestimentas, chapéus etc.

Não existem limites de exposição para as condições climáticas de modo isolado, mas é sabido que o trabalho a céu aberto está sujeito a muitas variações, deixando sempre o trabalhador em uma condição de incerteza.

Quando o empregador oferece moradia ao trabalhador e/ou sua família, esta deve apresentar condições dimensionais compatíveis com o número de moradores, estar em condições de conservação, sanitárias e estruturais mínimas adequadas. O Exemplo 3.4 demonstra essa necessidade em uma ação conduzida pelo Ministério Público do Trabalho na década de 90 e início dos anos 2000.

Exemplo 3.4

No corte de cana manual, até meados dos anos 2000, os horários de entrada e de saída do trabalho eram pouco controlados, praticamente não existiam banheiros nos canaviais e tampouco área de alimentação para os trabalhadores. Muitas vezes, eles ficavam expostos, no mesmo dia de trabalho, ao sol intenso, a chuvas, a riscos de acidentes com animais peçonhentos, entre outros.

Após ações coletivas lideradas pelo Ministério Público do Trabalho (MPT), em conjunto com representantes dos trabalhadores e das empresas do setor, as jornadas de trabalho foram limitadas, estabeleceram-se limites em relação à temperatura de ambiente para trabalho, obrigou-se a instalação de banheiros químicos e de área de alimentação suficientes numericamente, bem como a oferta de água potável e diversas outras medidas que modificaram completamente as condições do trabalho a céu aberto dessa classe.

3.4.5 Espaços confinados

Segundo a NR 33, "espaço confinado é qualquer área ou ambiente não projetado para ocupação humana contínua, que possua meios limitados de entrada e saída, cuja ventilação existente é insuficiente para remover contaminantes ou onde possa existir a deficiência ou enriquecimento de oxigênio" (Brasil, 2006). Nesse contexto, espaços confinados, por definição, remetem ao trabalho realizado de maneira temporária, para serviços e projetos específicos e que, por essa característica, geralmente, são desempenhados por trabalhadores externos à rotina diária da empresa. Inclusive, por essa característica, tornam-se imprescindíveis as inspeções prévias, as análises preliminares de riscos (APRs) e a autorização de serviços antes do início de qualquer tarefa.

Segundo a norma, são responsabilidades do empregador (NR 33, item 33.2.1):

a. indicar formalmente o responsável técnico pelo cumprimento desta norma;
b. identificar os espaços confinados existentes no estabelecimento;
c. identificar os riscos específicos de cada espaço confinado;
d. implementar a gestão em segurança e saúde no trabalho em espaços confinados, por medidas técnicas de prevenção, administrativas, pessoais e de emergência e salvamento, de forma a garantir permanentemente ambientes com condições adequadas de trabalho;
e. garantir a capacitação continuada dos trabalhadores sobre os riscos, as medidas de controle, de emergência e salvamento em espaços confinados;
f. garantir que o acesso ao espaço confinado somente ocorra após a emissão, por escrito, da Permissão de Entrada e Trabalho, conforme modelo constante no anexo II desta NR;
g. fornecer às empresas contratadas informações sobre os riscos nas áreas onde desenvolverão suas atividades e exigir a capacitação de seus trabalhadores;
h. acompanhar a implementação das medidas de segurança e saúde dos trabalhadores das empresas contratadas provendo os meios e condições para que eles possam atuar em conformidade com esta NR;

i. interromper todo e qualquer tipo de trabalho em caso de suspeição de condição de risco grave e iminente, procedendo ao imediato abandono do local; e

j. garantir informações atualizadas sobre os riscos e medidas de controle antes de cada acesso aos espaços confinados. (Brasil, 2006)

Essa norma também apresenta diversas medidas para prevenção aos agravos à saúde dos trabalhadores (NR 33, item 33.3.2):

a. identificar, isolar e sinalizar os espaços confinados para evitar a entrada de pessoas não autorizadas;

b. antecipar e reconhecer os riscos nos espaços confinados;

c. proceder à avaliação e controle dos riscos físicos, químicos, biológicos, ergonômicos e mecânicos;

d. prever a implantação de travas, bloqueios, alívio, lacre e etiquetagem;

e. implementar medidas necessárias para eliminação ou controle dos riscos atmosféricos em espaços confinados;

f. avaliar a atmosfera nos espaços confinados, antes da entrada de trabalhadores, para verificar se o seu interior é seguro;

g. manter condições atmosféricas aceitáveis na entrada e durante toda a realização dos trabalhos, monitorando, ventilando, purgando, lavando ou inertizando o espaço confinado;

h. monitorar continuamente a atmosfera nos espaços confinados nas áreas onde os trabalhadores autorizados estiverem desempenhando as suas tarefas, para verificar se as condições de acesso e permanência são seguras;

i. proibir a ventilação com oxigênio puro;

j. testar os equipamentos de medição antes de cada utilização; e

k. utilizar equipamento de leitura direta, intrinsecamente seguro, provido de alarme, calibrado e protegido contra emissões eletromagnéticas ou interferências de radiofrequência. (Brasil, 2006)

Adicionalmente, diversas outras medidas de ordem administrativas permitem maior garantia de uma ampliação às condições de segurança na operação, tais como: conferir documentos comprobatórios de capacitação das pessoas que realizarão a operação, adaptar as permissões de trabalho (autorizações) de acordo com cada atividade específica, solicitar permissões de trabalho todas as vezes em que as pessoas forem adentrar no espaço confinado e determinar procedimentos-padrão em todas as etapas da tarefa.

O conjunto de medidas objetiva formalizar todo e qualquer procedimento, visto que, anualmente, diversos acidentes são registrados em operações em espaços confinados, infelizmente, boa parte deles com morte de trabalhadores.

3.4.6 Trabalho em altura

Os objetivos preventivos relacionados ao trabalho em altura estão discriminados na NR 35, em que são traçadas algumas diretrizes em SST, pertinentes ao trabalho com diferenças em níveis e prevenção a quedas – muitas vezes, fatais nesse tipo de operação (Brasil, 2012b).

O trabalho em altura é definido como aquele realizado acima de 2 metros em relação ao solo (nível inferior) e que apresente risco de queda, incluindo, nessa métrica, os pontos de acesso, fixos ou móveis.

Todo trabalhador que desenvolve atividade profissional em altura deve, antes de iniciar o trabalho, passar por treinamento de capacitação e ter ciência das condições existentes relativas aos riscos e às medidas preventivas empregadas. Em atividades rotineiras, as instruções para os procedimentos da tarefa deverão estar contempladas no trabalho padrão ou no manual de operações. Atividades esporádicas necessitam de autorização para o início da tarefa, por meio do documento Permissão de Trabalho (PT), emitido por profissional responsável e capacitado, que deve ser relacionado apenas à atividade em questão.

O trabalho em altura somente deve ser iniciado após uma análise de risco prévia, utilizando-se técnicas mais favoráveis e/ou indicadas a cada empresa (APR, FMEA, HAZOP, entre outras), abordando no mínimo (NR 35, item 35.4.5.1):

    a. o local em que os serviços serão executados e seu entorno;

    b. o isolamento e a sinalização no entorno da área de trabalho;

    c. o estabelecimento dos sistemas e pontos de ancoragem;

    d. as condições meteorológicas adversas;

    e. a seleção, inspeção, forma de utilização e limitação de uso dos sistemas de proteção coletiva e individual, atendendo às normas técnicas vigentes, às orientações dos fabricantes e aos princípios da redução do impacto e dos fatores de queda;

    f. o risco de queda de materiais e ferramentas;

    g. os trabalhos simultâneos que apresentem riscos específicos;

    h. o atendimento aos requisitos de segurança e saúde contidos nas demais normas regulamentadoras;

    i. os riscos adicionais;

    j. as condições impeditivas;

k. as situações de emergência e o planejamento do resgate e primeiros socorros, de forma a reduzir o tempo da suspensão inerte do trabalhador;

l. a necessidade de sistema de comunicação;

m. a forma de supervisão. (Brasil, 2012b)

Quando a atividade em altura ocorre de maneira frequente ou rotineira, não há necessidade de se fazer uma análise de risco toda vez, mas sim incluir esses requisitos nos procedimentos operacionais da tarefa.

Entre as medidas preventivas recomendadas para o trabalho em alturas, os sistemas de proteção coletiva contra quedas (SPCQ) devem ser a escolha padrão ouro, projetado por profissional técnico especializado conforme as necessidades da tarefa, englobando os acessos, as condições operacionais e atendendo às demais normas técnicas disponíveis.

Na impossibilidade de implementação do SPCQ, a empresa deverá estabelecer sistemas de proteção coletivas individuais contra quedas (SPIQ), que deve contemplar: sistema de ancoragem (pontos de fixação); elementos de ligação (que ligam o ponto de fixação ao homem – cinturão); e equipamento de proteção individual (suportes e coletes acoplados ao homem), de acordo com necessidades da tarefa.

Figura 3.1 – Elementos de engate dos EPIs

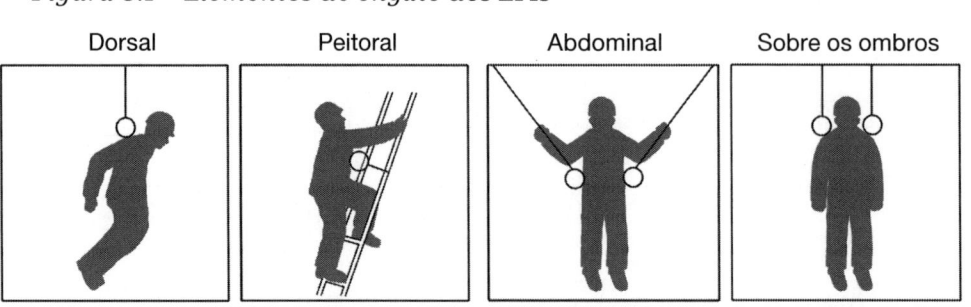

Os procedimentos para movimentação em altura, fixação de dispositivos e manuseio de equipamentos são de importância fundamental. Por isso, apresentamos, a seguir, algumas dessas orientações, citadas no Manual de Aplicação da NR 35 (Brasil, 2018b):

- **Deslocamento horizontal com manutenção constante da fixação**: na sequência mostrada na Figura 3.2, a seguir, observe: (A) um dos pontos está fixado e o outro em movimento; (B) fixação do segundo ponto do elemento de ligação; (C) retirada do primeiro ponto fixador; (D) início do processo para outro local em deslocamento.

Figura 3.2 – Deslocamento com fixação

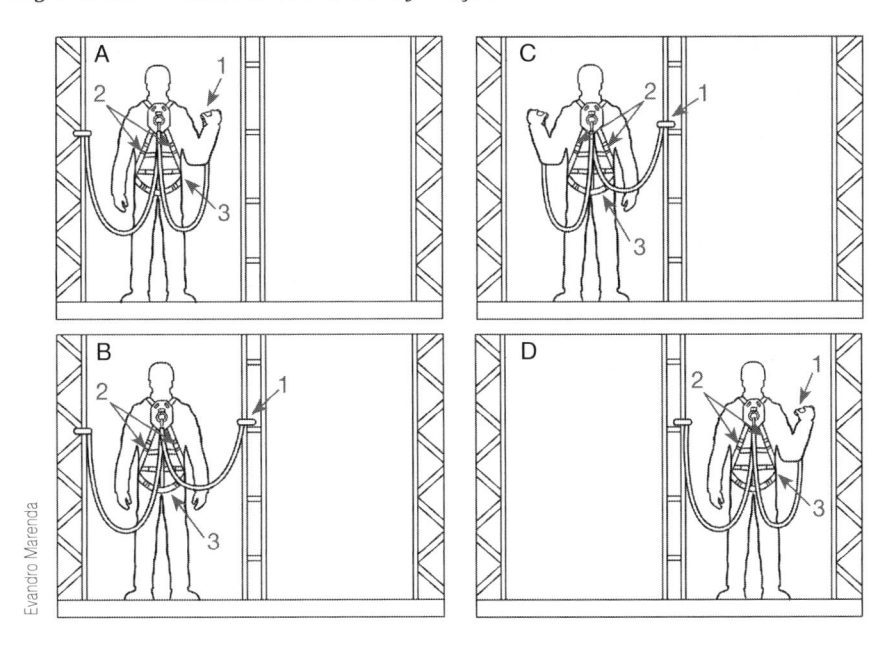

Fonte: Brasil, 2018b, p. 42.

- **Deslocamento vertical**: semelhante ao anterior, recomenda-se que o trabalhador esteja fixo o tempo todo, com movimentação progressiva e passoa passo. O operador somente pode mudar de posição após um dos pontos de fixação (ao menos) estar fixado no local adequado.

Figura 3.3 – Deslocamento vertical

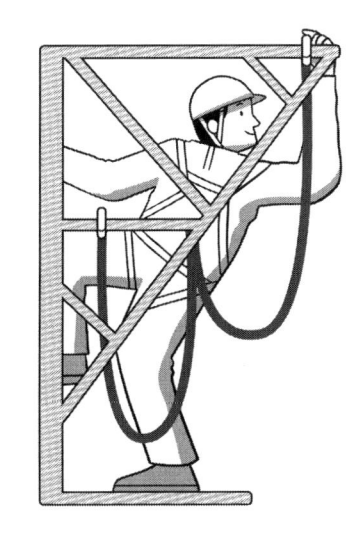

Fonte: Brasil, 2018b, p. 43.

- **Dimensionamento do talabarte em relação à tarefa**: os EPIs e os elementos de ligação devem estar projetados para cada tarefa, evitando problemas relacionados à resistência, ao tamanho ou a formas inadequadas. Na Figura 3.4, observe as duas imagens que exemplificam um talabarte mal dimensionado (maior que o necessário), proporcionando situações de risco, e, ao lado, o correto dimensionamento do dispositivo.

Figura 3.4 – Dimensionamento do talabarte com base na tarefa

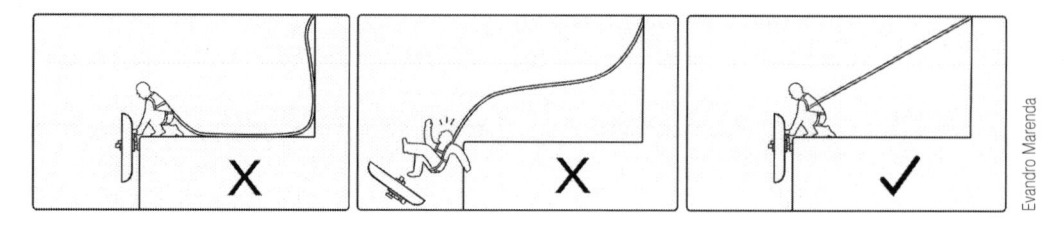

Fonte: Brasil, 2018b, p. 36.

- **Sistemas de ancoragem rígida**: em algumas situações, o trabalhador deve estar fixo o tempo todo para evitar possíveis quedas por solo instável, rompimento de estruturas, como nas atividades em uma via fixa, embasado em sistema de ancoragem horizontal.

Figura 3.5 – Sistemas de ancoragem rígidas

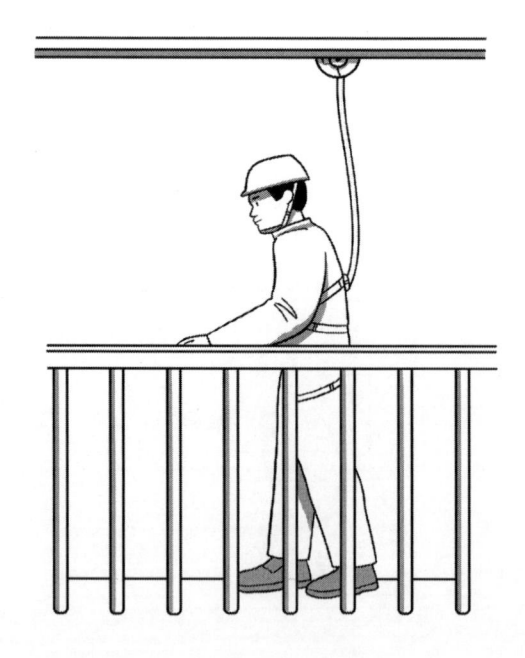

Fonte: Brasil, 2018b, p. 36.

- **Situações de resgaste e emergenciais**: o empregador deve providenciar meios para resgate em situações de emergência, disponibilizando equipamentos necessários e treinamentos para os envolvidos. Como você pode ver na Figura 3.6, a seguir, é preciso levar em consideração o ponto de fixação do equipamento (1), o sistema de roldanas (2), o dispositivo de acionamento (3) e a atividade do operador (4), além da fixação do próprio resgatado (5).

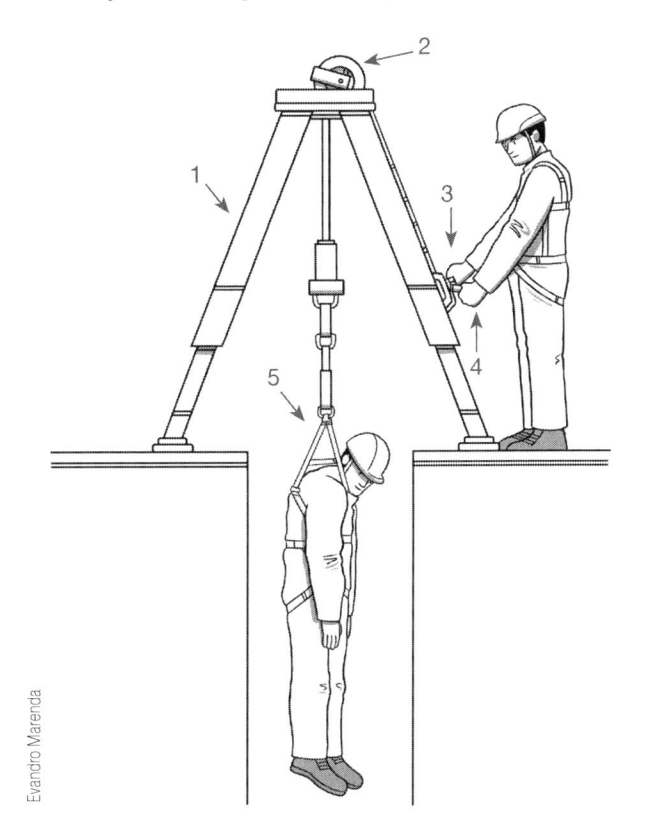

Figura 3.6 – Situações de resgate e emergências

Fonte: Brasil, 2018b, p.47.

- **Zona livre de queda (ZLN)**: compreende verificar e calcular a distância entre o ponto de ancoragem e o ponto de impacto (obstáculo) mais próximo com que possa ocorrer o choque/impacto em uma queda. Alguns equipamentos trazem consigo, por recomendação de fábrica, as distâncias recomendadas e, em outros casos, é necessário calcular a dimensão, levando em conta o comprimento do talabarte, o comprimento do absorvedor de impacto, a distância do elemento de engate até o pé da pessoa e a distância de segurança em relação ao ponto de impacto.

Figura 3.7 – Zona livre de queda

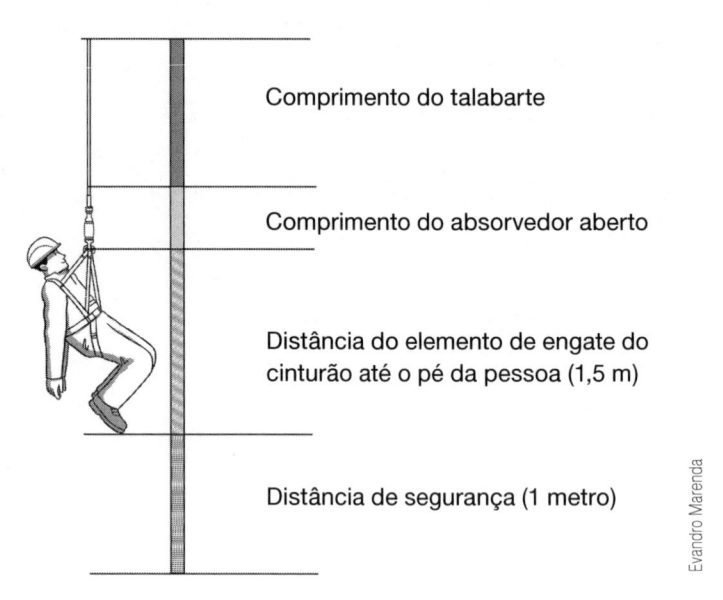

- Comprimento do talabarte
- Comprimento do absorvedor aberto
- Distância do elemento de engate do cinturão até o pé da pessoa (1,5 m)
- Distância de segurança (1 metro)

Fonte: Brasil, 2018b, p. 84.

3.4.7 Normativas específicas por ramo de atividade

Ao longo dos anos, várias normativas foram publicadas para atividades econômicas específicas em razão da relevância que essas orientações têm no que se refere a acidentes, distúrbios osteomusculares, condição insalubres e outros aspectos essenciais para a saúde e segurança do trabalho.

Há normativas específicas para construção civil, mineração, trabalho portuário, agricultura/pecuária/exploração florestal, serviços de saúde, indústria de construção/reparação e desmonte naval e indústrias de abate e processamento de carnes.

A seguir, vejamos os principais aspectos dessas normativas:

- **Condições e meio ambiente de trabalho na indústria de construção**: a NR 18 trata, especificamente, das atividades na construção civil, na qual encontramos um quantitativo importante de acidentes de trabalho e doenças ocupacionais, além de condições extremas e intensa mão de obra. O programa de SST desenvolvido como base para identificação, quantificação de riscos e proposição de ações é o PCMAT, que tem por abrangência as mesmas características do PPRA, apenas adequando-se à realidade do setor em questão. Ao longo dos anos, a NR 18 passou por diversas revisões em que foram alterados itens importantes. Hoje, contempla condições sanitárias (como banheiros, locais de refeição e dormitórios), condições ergonômicas, trabalho em altura e acessos, qualificação exigida para cargos específicos na obra, recomendações técnicas de procedimentos, condições de constituição e manutenção da Cipa, entre outros (Brasil, 1978n).

- **Segurança e saúde ocupacional na mineração**: "se aplica a situações de minerações subterrâneas, a céu aberto, garimpos, beneficiamentos minerais e pesquisa mineral" (NR 22, item 22.2.1, Brasil, 1978p). É um ramo de atividade que apresenta diversas particularidades relacionadas ao ambiente em que se realiza – céu aberto ou em condições de espaços confinados – e com graves riscos à vida das pessoas. A normativa versa sobre a obrigatoriedade de as empresas elaborarem e manterem atualizado um Programa de Gerenciamento de Riscos (PGR) e de constituir Cipa no formato específico da atividade em questão, a Cipamin (Cipa na indústria de mineração). A Cipa, em conjunto ao SESMT, tem papel fundamental na elaboração do mapa de riscos, na criação de procedimentos de emergência e rotas de fuga, bem como no treinamento contínuo operacional dos trabalhadores (Brasil, 1978p).

- **Trabalho portuário**: regulamentado pela NR 29, abrange as atividades realizadas em terminal portuário e retroportuário, áreas alfandegadas para transporte e armazenagem de cargas (zona primária) e demais operações sobre controle aduaneiro. O planejamento em SST no trabalho portuário é fundamental, pois é necessário caracterizar todas as operações previamente – quanto a peso da carga, especificações, tipo, classe, entre outros. Além das questões próprias de SST, duas condições são essenciais nessa atividade: o Plano de Controle de Emergências (PCE) e o Plano de Ajuda Mútua (PAM), que visam estabelecer meios e condições para situações de "incêndio e explosão, vazamento de produtos perigosos, queda de homem ao mar, condições adversas do tempo, poluição ou acidente ambiental e socorro a acidentados" (NR 29, item 29.1.6.2, Brasil, 1997). O serviço especializado em segurança e saúde do trabalhador portuário (SESSTP) é dimensionado também de forma particular, como disposto na Tabela 3.1, a seguir.

Tabela 3.1 – Serviço especializado em segurança e saúde do trabalhador portuário

Profissionais	Número de trabalhadores			
	20–250	251–750	751–2.000	2.001–3.500
Engenheiro de segurança	–	1	2	3
Técnico de segurança	1	2	4	11
Médico do trabalho	–	1	2	3
Enfermeiro do trabalho	–	–	1	3
Aux. de enfermagem do trabalho	1	1	2	4

Acima de 3.500 funcionários, a cada acréscimo de 500 pessoas, deverá ser acrescido um profissional de cada área, com exceção do técnico de segurança, cujo acréscimo deverá ser de três profissionais.
Fonte: Brasil, 1997, item 29.2.1.2.1 e 29.2.1.2.2.

- **Trabalho na agricultura, pecuária e exploração florestal**: a NR 31 trata das relações de trabalho no âmbito rural, que mudaram muito na última década em razão da mecanização e da inclusão tecnológica. Com o desenvolvimento de máquinas e equipamentos agrícolas, diversas recomendações de EPCs e EPIs foram incrementadas à norma, principalmente, quanto às especificações de fabricantes, proteções, escadas, acessos, entre outros. A Cipa será constituída com finalidade específica (CipaTR), assim como os serviços especializados em saúde e segurança (SESTR). Em princípio, o objetivo continua sendo a melhoria das condições de trabalho no meio rural e o incentivo aos programas de capacitação dos trabalhadores (Brasil, 2005a).

- **Segurança e saúde no trabalho em serviços de saúde**: contemplada na NR 32, aplica-se a qualquer estabelecimento que presta assistência em saúde à população, em qualquer nível de complexidade. Chama atenção na norma a relevância dos riscos biológicos que, de fato, são fatores de risco inerentes nos estabelecimentos de saúde em decorrência da exposição ocupacional, da manipulação de materiais contaminados, contato com pacientes doentes, entre outros tantos. Programa de vacinação são exemplos de condições que devem estar contempladas no PPRA e PCMSO, bem como fazer parte das ações da Cipa, que deve ser atuante. Acidentes em ambiente hospitalar, com materiais perfurocortantes, por exemplo, exigem preocupação adicional, por isso a empresa deve ter planos de ação para os riscos em potencial e antecipar possíveis desvios (Brasil, 2005b).

- **Condições e meio ambiente do trabalho na indústria da construção, reparação e desmonte naval**: são atividades compreendidas no âmbito da NR 34, "aquelas desenvolvidas em instalações empregadas para fins de construção e reparo ou nas próprias embarcações e estruturas, como barcos, navios, plataformas." (NR 34, item 34.1.2, Brasil, 2011b). Diversos riscos são observados e devem ser tratados de maneira particular nessa atividade, como trabalho em altura, exposição a riscos químicos, questões ergonômicas posturais e acidentes de trabalho. Outra característica que pode impactar nos índices de acidentes ou doenças ocupacionais é que, em algumas operações, a jornada de trabalho é diferenciada, muitas vezes, adotando escalas de trabalho de 30 dias seguidos embarcados, escalas de 7 dias, entre outros. É importante que os profissionais de SST saibam identificar, nesses casos, o perfil adequado de trabalhadores para que estes não apresentem sofrimento relativo ao trabalho e propensão a patologias como estresse e depressão. Outro ponto da norma que merece atenção é que algumas operações (como atividade a quente) necessitam de cursos de capacitação, com carga horária mínima estabelecida em norma e devem ser observadas pelos profissionais de SST (Brasil, 2011b).

- **Segurança e saúde no trabalho em empresas de abate e processamento de carnes e derivados**: publicada em 2013 e com atualizações em 2016 e 2018, a NR 36 tem por objetivo traçar diretrizes para as empresas que processam carnes e derivados, destinadas ao consumo humano, e tem como um dos principais pilares a análise ergonômica do trabalho (AET). A norma presenta parâmetros para mobiliários, manuseio de cargas, operação de máquinas e equipamentos, condições ambientais, organização do trabalho, incluindo descrição de pausas regulares, entre outros. Um dos principais pontos do seu Manual de Aplicação, publicado em 2017, é o estabelecimento de limites biomecânicos das pessoas em questões como esforço físico, movimentos repetitivos e manuseio de cargas (Brasil, 2013).

3.5 Gestão dos riscos ocupacionais

Gerenciar riscos é uma atividade distinta à identificação e à avaliação desses fatores no ambiente de trabalho, entretanto, ela também compreende essas ações. No sistema de gestão, é necessário que, após as etapas iniciais já explicitadas, sejam criados indicadores de acompanhamento e mecanismos de controle.

Diversas metodologias são empregadas com objetivo de direcionar os recursos técnicos, humanos e financeiros, otimizando recursos e possibilitando à esquipe de SST traçar diretrizes pertinentes ao ramo de atuação da empresa.

Você conhecerá, a seguir, alguns métodos e técnicas aplicados à gestão de riscos.

3.5.1 Mapa de risco

Segundo a NR 5, é atribuição da Cipa a elaboração do mapa de riscos, com participação ativa dos trabalhadores e com assessoria do SESMT. O mapa de riscos permite caracterizar a empresa por setores e determinar, por meio de uma escala simples, o grau de risco presente nos ambientes de trabalho (Brasil, 1978d).

Existem algumas variações metodológicas, mas a maioria das empresas adota o método do farol e tamanho dos símbolos para discriminar seus riscos.

As classes de risco, por exemplo, são ampliadas ou reduzidas de acordo com ramo de empresa, algumas utilizam os riscos de base observados na NR 9 (Brasil, 1978g) e na NR 15 (Brasil, 1978k), entre outros.

É importante ter uma escala e termos definidos para que todos os envolvidos visualizem rapidamente as informações, consigam identificar os fatores de risco e, inclusive, verificar medidas preventivas.

Observe, na Figura 3.8, a seguir, um modelo para classificar riscos por cores e uma graduação de intensidade.

Figura 3.8 – Mapa de riscos com indicação por cores e intensidade

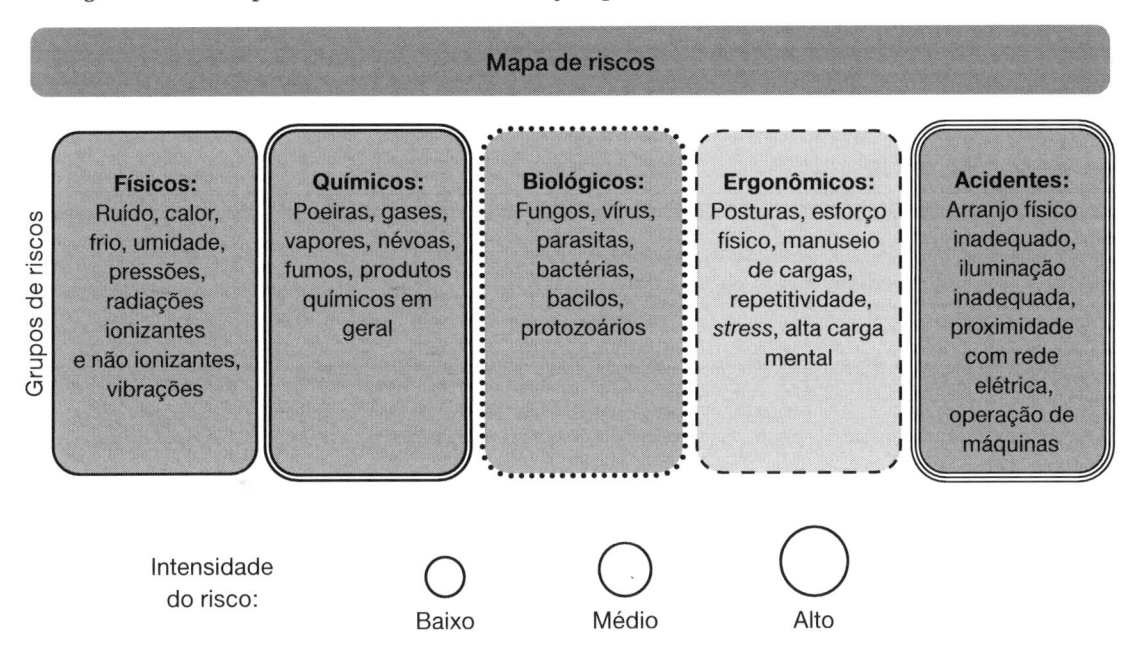

Mapa de riscos

Grupos de riscos:

- **Físicos:** Ruído, calor, frio, umidade, pressões, radiações ionizantes e não ionizantes, vibrações
- **Químicos:** Poeiras, gases, vapores, névoas, fumos, produtos químicos em geral
- **Biológicos:** Fungos, vírus, parasitas, bactérias, bacilos, protozoários
- **Ergonômicos:** Posturas, esforço físico, manuseio de cargas, repetitividade, *stress*, alta carga mental
- **Acidentes:** Arranjo físico inadequado, iluminação inadequada, proximidade com rede elétrica, operação de máquinas

Intensidade do risco: ○ Baixo ○ Médio ○ Alto

Na aplicação prática por setor, poderíamos encontrar a seguinte conformação (Figura 3.9), em que se identifica, por exemplo, que há risco ergonômico baixo, risco de acidentes médio e risco físico alto no Setor 2.

Figura 3.9 – Aplicação do mapa de risco por setores

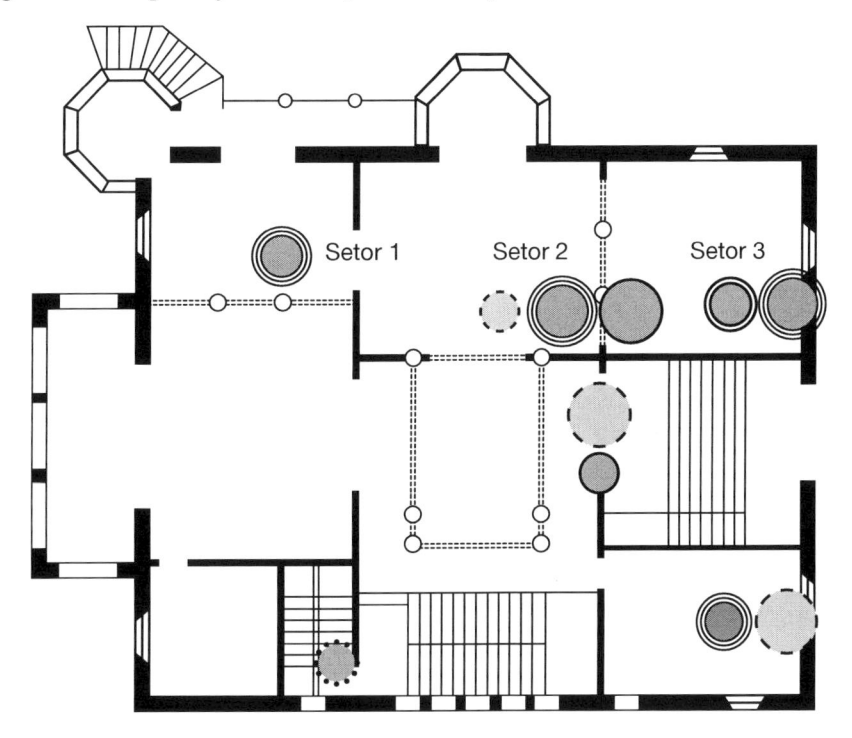

As classes de risco e formato do mapa devem estar alinhados ao PPRA, ao PCMSO e, atualmente, em consonância com os ambientes de trabalho definidos pelo eSocial, visto que ambientes mal descritos podem alocar funcionários de maneira equivocada e gerar sub ou superexposição dos riscos.

3.5.2 Análise preliminar de risco (APR)

A metodologia de análise preliminar de risco (APR) é aplicada, em geral, para uma vistoria prévia dos ambientes e das condições de trabalho, assim como para auditar situações anteriormente já verificadas.

A partir da identificação dos elementos básicos do trabalho, os fatores de risco devem ser elencados com a intenção de antecipar possíveis circunstâncias e corrigi-las antes da ocorrência de um acidente.

Quanto mais completa uma APR, maior a chance de sucesso no decorrer da investigação e maior a probabilidade de que sempre uma condição de risco seja observada e relacionada ao motivo (fonte geradora), para que, assim, em uma etapa subsequente, essa variável seja quantificada.

A seguir, vejamos algumas etapas fundamentais no desenvolvimento da APR:

- **Coletar dados prévios da área**: antes da verificação *in loco*, é indispensável ter conhecimento da área/setor que será investigada, coletando dados, por exemplo, do quantitativo de pessoas da área, gênero, faixa etária, registro de ocorrências anteriores, entre outros. Essas informações fornecem um mapeamento prévio e servem de base para a coleta de dados.

- **Preparar material de coleta**: por mais simples que seja a coleta, é essencial que o profissional vá preparado e munido com um roteiro de coleta, equipamentos básicos, como uma trena, e equipamento de foto e/ou vídeo. Atividades complexas exigem, muitas vezes, a participação de mais de uma pessoa, normalmente, mais familiarizada com o processo.

- **Ter pleno entendimento da metodologia**: se não utiliza ainda o método, é preciso certificar-se de que se conhece exatamente as classes de risco, mecanismos de interação, formas de propagação, entre outros. Tenha consciência de que conhecimentos superficiais podem gerar dados inconsistentes e invalidar todo o processo de levantamento de riscos.

- **Ser sucinto e objetivo**: o princípio e maior benefício da APR é fornecer uma rápida visão dos riscos presentes naquele setor, função ou atividade. Não é o momento de estabelecer e descrever métodos, elaborar projetos ou realizar medições – essas condições estarão presentes em um momento futuro.

- **Analisar criticamente os dados**: na etapa de análise de dados, é importante criticar ações já desenvolvidas, identificar fraquezas existentes e elaborar planos de antecipação dos possíveis riscos. Uma APR não pode apenas ficar "apagando incêndios" ou apontar somente o que se faz "de bom" nas práticas observadas.

Quadro 3.3 – Exemplo de APR adaptada para ergonomia

Análise preliminar de risco (APR)			
Setor	Evisceração	**Posto de trabalho**	Pendura do frango
Trabalhadores expostos	5 homens	**Meta produção**	2.000 frangos/hora
Descrição das tarefas	O operador faz a preensão manual nos pés do frango e realiza a pendura na nória.		
Tempo de ciclo	3 segundos		
Perigo	**Motivo**	**Consequências**	**Riscos a investigar**
Elevações frequentes do ombro acima de 90 graus	Linha de produção muito alta	Disfunções de ombro e cervicais	• Posturais • Dimensionais
Alta exigência visual	Trabalho repetitivo associado ao controle visual	• Fadiga visual • Dores de cabeça • Erros no processo	• Carga mental • Iluminação • Repetitividade
Avaliado por		**Revisado por**	

3.5.3 Diagrama de Ishikawa

Também conhecido como *espinha de peixe* ou *diagrama de causa e efeito*, é uma metodologia da qualidade que, muitas vezes, é utilizada na área de segurança como método de análise.

Originalmente, o método prevê que todas as situações possíveis que podem levar ao acontecimento (efeito) sejam elencadas como variáveis (causas) e, dessa maneira, ter uma visão mais ampla dos meios que levaram à ocorrência. O Exemplo 3.5, a seguir, demonstra uma aplicação prática da metodologia.

Exemplo 3.5

Após implementar metodologia sistemática de avaliação dos fatores de risco no ambiente de trabalho, uma empresa do ramo metalúrgico verificou que vários problemas atribuídos ao erro humano, e por consequência da segurança, eram, na verdade, problemas de manutenção.

Em uma dessas avaliações, em uma ponte rolante operada por um funcionário novo na função, foi observada a queda de uma chapa, quase ocasionando um grave acidente.

O próprio funcionário não soube explicar exatamente o motivo da queda e pensou ter sido um mau posicionamento das lingas para o transporte.

A investigação, utilizando o método de espinha de peixe, identificou que o problema foi a falta de manutenção das lingas (que têm prazos de auditoria e troca) e, consequentemente, uma falha do equipamento.

No diagrama de espinha de peixe, todas as possíveis causas devem ser descritas em detalhes, com sua respectiva interferência no processo avaliado para determinar o peso em relação ao efeito produzido. São incluídas informações referentes aos métodos/procedimentos, fornecedores, máquinas e equipamentos, pessoas e quantos outros necessários para a correta identificação da(s) causa(s)-raiz, como é possível visualizar na Figura 3.10, a seguir.

Figura 3.10 – Diagrama de causa e efeito (espinha de peixe)

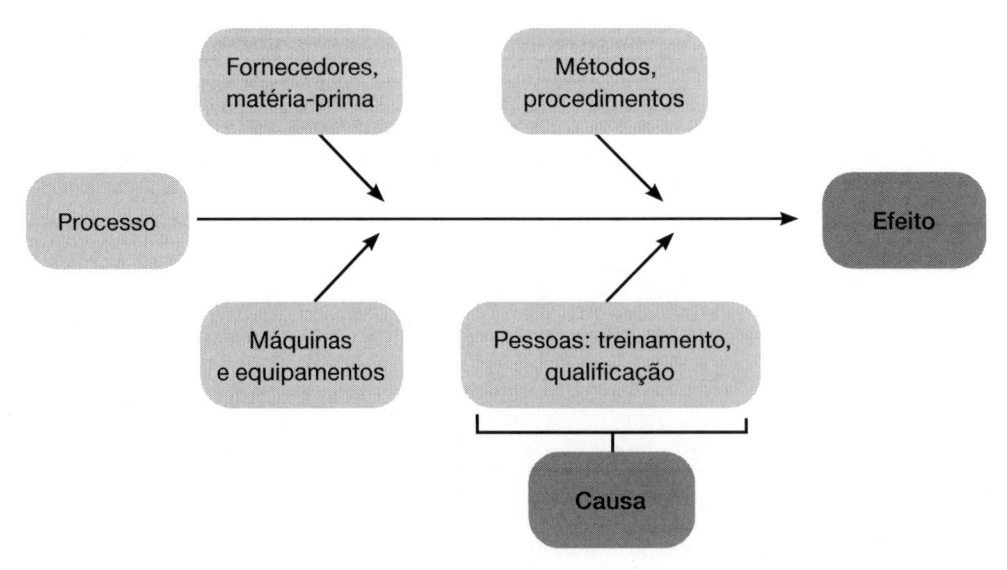

O diagrama de causa e efeito não deve ser elaborado apenas por profissionais da área de segurança, ele precisa ser abastecido com informações sobre o processo, dados de recursos humanos e da área de controle de materiais, entre outros.

Após a identificação do "efeito", no caso, a materialização do risco, deverá ser elaborado plano de ação com prazos e responsabilidades.

3.5.4 Matriz GUT

A matriz GUT (gravidade × urgência × tendência) é uma ferramenta da qualidade que serve para identificar, entre os fatores de análise, aqueles que são prioritários e/ou que representam criticidade no que se refere à tomada de decisão.

Ela deve ser utilizada após a fase inicial de antecipação e reconhecimento dos riscos, tendo como objetivo apresentar, de maneira sistemática, os potenciais problemas, classificá-los e determinar a criticidade dentro do sistema de gestão.

Iniciamos a avaliação de cada item com a determinação da **gravidade** e associamos esse indicador com a materialização do dano caso o evento ocorra. Ao determinar a gravidade de cada item, é essencial considerarmos o possível dano à saúde das pessoas e à empresa (processo, produtos, equipamentos).

A segunda etapa consiste em pontuar a **urgência** do evento em relação às ações necessárias. É preciso considerar, novamente, que as ações devem ser pautadas nas pessoas, nos processos e, também, nos aspectos legais, pois determinados desvios têm implicações importantes e prazos legais que precisam ser cumpridos.

Ao final do procedimento, estimamos a tendência do evento, assinalando se ele pode piorar ao longo do tempo ou se tende a se estabilizar. Aspectos com forte tendência de piora podem ser críticos do ponto de vista operacional, pois, muitas vezes, não permitem tempo necessário para planejamento técnico e financeiro – como exemplo, temos a implementação das questões de SST no sistema do eSocial (abordado mais adiante), que tendem a impactar gravemente as empresas que não se planejam adequadamente, com previsão de diversas multas.

No exemplo a seguir, é possível verificar uma situação de aplicação da matriz GUT em uma usina de açúcar e alcool.

Exemplo 3.6

O levantamento de riscos e aspectos em saúde e segurança do trabalho de uma usina de açúcar e álcool demonstrou diversas vulnerabilidades relacionadas aos acidentes de trabalho e questões ergonômicas. A matriz GUT foi elaborada para determinar a criticidade em cada setor e você conhecerá, a seguir, o exemplo do resultado obtido no setor de recebimento (já hierarquizado), no posto de trabalho conhecido como Hilo.

Os caminhões de cana chegam, normalmente, com duas ou três carretas de cana picada, tipo Julieta, carregadas e, ao chegar ao local predeterminado, param ao comando do operador do posto, que aciona um farol (semáforo) vermelho, indicando que a operação vai começar. Os trabalhadores fixam os ganchos nas carretas e acionam um mecanismo de controle dentro da cabine de operação que eleva a carreta e gira, permitindo que a cana caia na esteira para ser processada. Ao término do descarregamento, o operador aciona novamente o comando para que a carreta desça e ele faça a desconexão dos ganchos colocados anteriormente. A liberação para que o caminhão siga em frente ocorre novamente pelo sinal luminoso (semáforo verde), acionado pelo próprio trabalhador.

Você identificou alguma inconsistência? Confira as que podem ser observadas nos procedimentos, listadas no Quadro 3.4. A escala adotada vai de 1 (mais baixa) a 5 (mais alta):

Gravidade: 1 (gravidade baixíssima) a 5 (gravidade altíssima).
Urgência: 1 (pode aguardar planejamento) a 5 (necessita ação imediata).
Tendência: 1 (sem previsão de mudança) a 5 (certamente será agravada).
PR: prioridade da ação

Quadro 3.4 – Matriz GUT da atividade

Item	G	U	T	Escore	PR
Risco de acidente caso o gancho enrosque nos cabos de aço da carroceria de cana.	5	5	3	75	1
Risco de atropelamento no acesso à cabine de comando pela ausência de caminho próprio e demarcado.	5	4	3	60	2
Campo visual prejudicado pela posição do pilar da cabine de comando.	4	4	2	32	3
Painel de comando posicionado muito acima, obrigando extensão cervical do trabalhador.	3	3	2	18	4

Como você deve ter percebido, a adoção do método permite hierarquizar os problemas em ordem de importância e direcionar ações técnicas e financeiras. O plano de ação para os problemas listados seguirá exatamente a ordem de prioridade determinada pela Matriz GUT.

Estudo de caso

Uma indústria de lubrificantes, com 35 funcionários, desobrigada de constituir o SESMT, desenvolvia suas ações em saúde e segurança do trabalho de maneira esporádica e sem integração. Como boa parte das empresas tinha um PPRA feito por empresa terceirizada e exames médicos admissionais, periódicos e demissionais realizados apenas por orientação do escritório de contabilidade.

No início de 2014, a empresa foi alvo de duas ações judiciais em que os trabalhadores ajuizaram pedido de horas extras, insalubridade e danos morais e materiais decorrentes de lesão em ombro direito (tendinite do músculo supraespinhal), cada uma no valor aproximado de 250 mil reais.

Na defesa, a empresa teve de providenciar documentação técnica ampla (PPRA, PCMSO, AET, análises de risco, entre outros). O fato é que o nexo existia, causado pelas posturas inadequadas associadas a movimentos repetitivos de alta velocidade, acima dos limites permitidos.

No decorrer do processo, como a empresa estava desprotegida, acabou optando por acordos judiciais que, juntos, totalizaram 115 mil reais. O valor altíssimo serviu para que a empresa colocasse na ponta do lápis o custo/benefício dos programas continuados em SST e chegasse à conclusão simples de que, com o valor da ação, era possível manter mais de 5 anos dos programas preventivos de forma integrada e com foco na resolução dos problemas.

Atualmente, a empresa ampliou o quadro para 50 funcionários, não teve mais nenhum questionamento na Justiça quanto à insalubridade, à periculosidade ou a danos e readequou os processos, eliminando condições ergonômicas que, possivelmente, levaram ao nexo técnico das lesões observadas anteriormente.

■ **Síntese**

Neste capítulo, ressaltamos que conhecer os riscos nos ambientes de trabalho é importante para a proposição de ações preventivas, mas é de fundamental importância que esse conhecimento esteja alinhado ao conhecimento técnico e normativo, respectivos a cada área de atuação. Fundamentadas em programas de base (PPRA e PCMSO), as empresas devem estabelecer medidas particulares, aprofundar as análises e personalizar as medidas necessárias.

É aconselhável, ainda, que o profissional agregue técnicas e métodos padronizados de avaliação dos riscos de modo a organizar melhor as ações, priorizar riscos e direcionar recursos técnicos e financeiros.

Também apresentamos técnicas e metodologias utilizadas para identificação e avaliação dos fatores de risco, relacionando-as com programas preventivos mais amplos, de modo a gerenciar esses riscos em conjunto com as demais normas regulamentadoras. A correta gestão dos riscos permite adequar a empresa às questões legais, utilizando esses documentos no escopo preventivo.

■ **Para saber mais**

A Fundacentro disponibiliza, gratuitamente, grande quantidade de material relacionado à avaliação dos fatores de risco no ambiente de trabalho, bem como materiais destinados à prevenção de doenças ocupacionais e guias de avaliação e gestão de risco. O acervo da biblioteca digital pode ser consultado no endereço eletrônico a seguir indicado.

FUNDACENTRO – Fundação Jorge Duprat Figueiredo de Segurança e Medicina do Trabalho. **Biblioteca Digital**. Disponível em: <http://www.fundacentro.gov.br/biblioteca/biblioteca-digital?iv=0&id=1&qp=10>. Acesso em: 11 ago. 2019.

■ **Questões para revisão**

1. Qual a diferença entre PPRA e PCMSO e em que normas eles estão amparados?

2. Existem diversas normas que se aplicam a setores econômicos específicos em razão da importância dos agentes ocupacionais ali presentes. Desse modo, cite a que se aplica a NR 32 e qual seu principal objetivo.

3. Assinale a alternativa que aponta o objetivo da análise preliminar de risco (APR):

   a. Diagnosticar fatores de risco nos ambientes de trabalho.
   b. Elaborar plano de ação.
   c. Criar uma matriz de priorização de riscos.
   d. Estabelecer nexo causal de uma lesão.
   e. Identificar e antecipar possíveis ocorrências.

4. De quem é a atribuição para elaboração do mapa de riscos na empresa?

   a. SESMT.
   b. Cipa.
   c. Médico do trabalho.
   d. Técnico de segurança do trabalho.
   e. Alta direção da empresa.

5. No documento-base do PPRA, temos algumas etapas definidas por norma que precisam ser cumpridas. Assinale a alternativa que indica a qual etapa se refere o texto "visa identificar possíveis riscos que venham a fazer parte do ambiente e atividades dos trabalhadores. Aplicável por exemplo, em situações de mudança de layout, incremento de um novo processo ou de uma nova máquina/equipamento (NR 9)":

   a. Antecipação.
   b. Reconhecimento.
   c. Avaliação.
   d. Quantificação.
   e. Controle.

■ Questão para reflexão

1. As ações devem sempre estar integradas, com programas e atribuições bem definidas. Entretanto, na realidade das empresas, muitas vezes, a segurança não tem interlocução com a medicina, a Cipa atua isoladamente, entre outros. Em sua opinião, por que isso ocorre?

4 Higiene ocupacional

Conteúdos do capítulo
- *NR 15 e NR 16.*
- *Avaliação de insalubridade e de periculosidade.*
- *Agentes ambientais e limites de exposição.*

Após o estudo deste capítulo, você será capaz de:
1. *interpretar as NRs 15 e 16;*
2. *identificar atividades e operações insalubres;*
3. *identificar atividades e operações perigosas;*
4. *reconhecer os limites de exposição e as medidas preventivas gerais.*

4.1 Atividades e operações insalubres

As atividades conhecidas como insalubres descritas na Norma Regulamentadora (NR) 15 são: ruído, exposição ao calor e ao frio, radiações ionizantes e não ionizantes, umidade, agentes químicos, poeiras e agentes biológicos (Brasil, 1978k).

A exposição acima dos limites de tolerância descritos na NR 15 assegura o direito ao trabalhador de receber adicional de salário de acordo com o grau identificado do fator de risco: 40% para insalubridade grau máximo; 20% para insalubridade de grau médio; e 10% para insalubridade de grau mínimo – percentuais em relação ao salário mínimo vigente (Brasil, 1978k).

Ainda segundo a NR 15, o limite de tolerância é descrito como "a concentração ou intensidade máxima ou mínima, relacionada com a natureza e o tempo de exposição do agente, que não causará danos à saúde do trabalhador, durante a sua vida laboral" (Brasil, 1978k).

Vejamos os principais fatores, em linhas gerais, a seguir.

4.1.1 Ruído

Os níveis de pressão sonora, ou simplesmente ruído, são descritos, em geral, como ruídos contínuo ou intermitente (que não sejam de impacto) e ruídos de impacto (que apresentam picos de energia acústica inferior a um segundo e intervalos superior a um segundo). A exposição ao ruído é uma situação frequentemente observada nos ambientes de trabalho, principalmente industriais, por diversos motivos: aglomeração de pessoas, operação de máquinas e equipamentos, movimentação de veículos de carga, entre outros.

Os efeitos da exposição prolongada ao ruído são bem conhecidos, manifestando-se como irritações ou dificuldades de comunicação nas tarefas e chegando à *perda auditiva induzida pelo ruído* (Pair), uma condição irreversível. Dependendo do grau de comprometimento, o indivíduo poderá apresentar distúrbios associados à fala em razão da alteração na percepção de sua voz.

Segundo o Ministério da Saúde, em seu manual técnico sobre doenças relacionadas ao trabalho (Brasil, 2001), a evolução clínica da Pair compreende quatro estágios de evolução:

- **Estágio 1**: exposição de poucos dias ou semanas, com presença de "tinidos" após um dia de trabalho, dores de cabeça e tontura. Nesse estágio, o limiar sensitivo aos sons agudos altera-se, mas normaliza-se após o afastamento das condições sonoras presentes no ambiente de trabalho.

- **Estágio 2**: exposição de meses ou anos que se torna assintomática, quando muito, com leves sinais de tinidos e dores de cabeça eventuais. Nesse estágio, a audiometria já pode revelar perda de 30 a 40 decibéis (dB).

- **Estágio 3**: com ampliação da perda já encontrada no estágio 2, nessa fase, a audiometria pode revelar perda de 45 a 60 dB, com sintomas como dificuldade em identificar alguns sons, necessidade de aumentar o volume do rádio e da TV, dificuldade de comunicação e fala em tom mais alto do que o habitual.

- **Estágio 4**: a ampliação da disfunção pode levar à surdez nessa fase. É característico que o indivíduo encontre bastante dificuldades de comunicação, que peça, com frequência, para que as pessoas no trabalho e convívio familiar falem mais alto e que perceba sons distorcidos, com difícil compreensão.

Para avaliar os níveis de pressão sonora, utilizam-se equipamentos específicos, como decibelímetros e dosímetros*, que captam os níveis de ruído do ambiente e permitem comparar com os limites de tolerância estabelecidos pela NR 15. Na Tabela 4.1, você pode conferir o tempo máximo de exposição diária para determinados níveis de ruído, de forma contínua ou intermitente.

* Decibelímetro registra o som pontualmente e o dosímetro calcula a dose de exposição ao longo da jornada.

Tabela 4.1 – Limites de tolerância para níveis de ruído contínuo ou intermitente

Nível de ruído dB (A)	Máxima exposição diária permissível
85	8 horas
86	7 horas
87	6 horas
88	5 horas
89	4 horas e 30 minutos
90	4 horas
91	3 horas e 30 minutos
92	3 horas
93	2 horas e 40 minutos
94	2 horas e 15 minutos

(continua)

(Tabela 4.1 – conclusão)

Nível de ruído dB (A)	Máxima exposição diária permissível
95	2 horas
96	1 hora e 45 minutos
98	1 hora e 15 minutos
100	1 hora
102	45 minutos
104	35 minutos
105	30 minutos
106	25 minutos
108	20 minutos
110	15 minutos
112	10 minutos
114	8 minutos
115	7 minutos

Fonte: Brasil, 1978k.

Os dados dessa tabela permitem dizer que, para uma jornada de até 8 horas, os níveis de pressão sonora devem estar abaixo de 85 dB e que o valor teto de 115 dB permite uma exposição de apenas 7 minutos.

Quando se trata, entretanto, de propor ações preventivas aos trabalhadores, podemos estabelecer níveis de ação ou valores menores do que os limites de tolerância para que os equipamentos de proteção coletiva, individuais ou mesmo a redução da exposição sejam indicados. A Norma de Higiene Ocupacional (NHO) 1 da Fundacentro, por exemplo, apresenta metodologias, procedimentos e valores de referência a ser empregados no ambiente de trabalho quando o valor da dose diária ultrapassar 50% do valor limite estabelecido (Fundacentro, 2001).

Os ruídos de impacto conferem maior quantidade de energia pontualmente, mas de duração breve e seus limites de tolerância, estabelecidos pela NR 15, são de 130 dB, quando o aparelho tiver a opção de medição de circuito linear e resposta para impacto; ou de 120 dB, quando o equipamento não dispor da opção mencionada (Brasil, 1978k).

Em qualquer verificação, independentemente da metodologia, devemos realizar a coleta próximos à zona auditiva dos trabalhadores e garantir que vestimenta, operações realizadas e outros eventos não interfiram diretamente nas coletas. Coletas muito distintas entre ouvido esquerdo e direito sugerem exposição diferenciada e, nesse caso, devemos adotar a verificação de maior incidência acústica como base.

As medidas de proteção coletiva – como enclausuramento de máquinas e equipamentos, isolamento de fontes geradoras – e individual – protetores auditivos – devem permitir a redução dos níveis de ruído para valores de segurança e, se possível, abaixo do nível de ação. Os trabalhadores também devem ser acompanhados e avaliados nos exames periódicos de modo a identificar possíveis distúrbios gerados pela exposição ao fator de risco.

4.1.2 Temperatura

A exposição do trabalhador a condições de altas ou baixas temperaturas pode acarretar grandes prejuízos à saúde das pessoas, por consequência, é um importante fator de risco que deve ser medido e controlado.

A medida da exposição ao calor não é simplesmente obtida com a verificação da temperatura ambiente, ela deve ser avaliada com base no índice de bulbo úmido termômetro de globo (IBUTG), que diferencia as medições em ambientes internos e sem carga solar dos ambientes externos com presença de carga solar.

Antes de quantificar o índice de exposição, é necessário avaliar a tarefa dos trabalhadores para identificar o tipo de trabalho realizado com relação à taxa metabólica, classificando em trabalho **leve**, **moderado** ou **pesado**, conforme a Tabela 4.2, a seguir.

Tabela 4.2 – Taxa metabólica de acordo com o tipo de atividade

Tipo de atividade	Kcal/h
TRABALHO LEVE	
Sentado, em repouso.	100
Sentado, movimentos moderados com braços e tronco (ex.: datilografia).	125
Sentado, movimentos moderados com braços e pernas (ex.: dirigir).	150
De pé, trabalho leve, em máquina ou bancada, principalmente com os braços.	150
TRABALHO MODERADO	180
Sentado, movimentos vigorosos com braços e pernas.	175
De pé, trabalho leve em máquina ou bancada, com alguma movimentação.	220
De pé, trabalho moderado em máquina ou bancada, com alguma movimentação.	
Em movimento, trabalho moderado de levantar ou empurrar.	300
TRABALHO PESADO	
Trabalho intermitente de levantar, empurrar ou arrastar pesos (ex.: remoção com pá).	440
Trabalho fatigante.	550

Fonte: Brasil, 1978k.

Atividades não constantes nessa tabela deverão ser identificadas por similaridade com algumas das situações previstas e anotado o valor de kcal/h.

Após determinar o tipo de atividade, o profissional deve estabelecer onde ocorrem os períodos de descanso e, consequentemente, a recuperação da carga térmica relacionada à tarefa. Se os períodos de descanso acontecem no próprio local de trabalho, utilizamos a Tabela 4.3, a seguir, para determinar o regime de trabalho.

Tabela 4.3 – Regime de trabalho e regime de descanso

Regime de trabalho intermitente com descanso no próprio local de trabalho (por hora)	Atividade		
	Leve	Moderada	Pesada
Trabalho contínuo	até 30,0	até 26,7	até 25,0
45 minutos trabalho 15 minutos descanso	30,1 a 30,5	26,8 a 28,0	25,1 a 25,9
30 minutos trabalho 30 minutos descanso	30,7 a 31,4	28,1 a 29,4	26,0 a 27,9
15 minutos trabalho 45 minutos descanso	31,5 a 32,2	29,5 a 31,1	28,0 a 30,0
Não é permitido o trabalho sem a adoção de medidas adequadas de controle	acima de 32,2	acima de 31,1	acima de 30,0

Fonte: Brasil, 1978k.

Se o tempo de descanso ocorre em local fora do ambiente de trabalho e suas temperaturas puderem ser consideradas mais baixas, optamos pela segunda forma de cálculo, que leva em consideração o IBUTG do local da tarefa e o IBUTG do local de descanso.

As taxas metabólicas também são levadas em consideração para a determinação dos tempos limites de exposição e, de forma comparativa, utilizamos a Tabela 4.4, a seguir, para avaliação do risco e para determinação das temperaturas máximas possíveis.

Tabela 4.4 – Taxas metabólicas e IBUTG máximo

M (Kcal/h)	Máximo IBUTG
175	30,5
200	30,0
250	28,5
300	27,5
350	26,5
400	26,0
450	25,5
500	25,0

Fonte: Brasil, 1978k.

A exposição ao frio, como ocorre em câmaras frias, não tem requisitos de limites de exposição estabelecidos em norma, mas também garante o direito ao adicional de insalubridade, desde que devidamente comprovada com laudos do ambiente de trabalho.

O trabalho em temperaturas extremas altera de modo significativo as condições metabólicas do organismo e acarreta sérias disfunções. No Quadro 4.1, a seguir, listamos algumas disfunções decorrentes dessa exposição.

Quadro 4.1 – Efeitos da exposição ao frio e ao calor

Calor	Frio
Desidratação	Problemas vasculares
Hipertermia	Hipotermia
Fadiga	Alergias
Doenças de pele	Ulcerações

Entre as medidas de prevenção mais eficazes, estão os limites de operação e relação com tempo de descanso – por exemplo, após avaliação, podemos determinar que o trabalhador precise descansar 15 minutos fora do ambiente (calor ou frio) após 45 trabalhados.

Outras medidas que podem auxiliar na redução ou eliminação do risco são:

- vestimentas adequadas (calor e frio);
- sistema de ventilação efetivo (calor);
- dispositivos auxiliares de aquecimento, como pontos com água quente para aquecimento das mãos em abatedouros (frio);
- acompanhamento de saúde ocupacional (calor e frio).

No exemplo a seguir, apresentamos uma proposta de adequação em um ambiente frio (abate de frangos) com duplo objetivo: manter o aquecimento das mãos dos trabalhadores com economia da quantidade de água utilizada no processo.

Exemplo 4.1

Em um abatedouro de frangos, temperaturas relativamente baixas são percebidas em alguns setores, como evisceração e cortes, além de umidade, risco de quedas e problemas ergonômicos, como posturas inadequadas e repetitividade.

Na evisceração, os operadores retiram os miúdos de frango (manualmente) e posicionam na nória (transportador aéreo) para dar continuidade ao processo. A cada dois operadores, há uma saída com água quente, que cai na calha em frente aos operadores, para que eles possam aquecer as mãos entre os ciclos de trabalho.

Para reduzir custos, a empresa alterou o acionamento da água quente que desce para o operador: em vez de correr continuamente, ela deve ser acionada com os pés. Após implementada a "melhoria", percebeu-se que a redução não foi significativa como esperado e, ao realizar uma análise ergonômica do trabalho (AET) no local, foi verificado que os trabalhadores ficavam, a maior parte do tempo, com o pé no acionamento, tanto para não perder tempo quanto para apoio.

Após três meses de uso, o procedimento foi revisto e retomado o original.

Com esse exemplo, você pode ter concluído que as mudanças implementadas no ambiente de trabalho não devem focar apenas em um fator de melhoria, mas é necessário entender o contexto mais amplo da atividade e, se possível, incluir os trabalhadores no processo de implementação. Projetos que não contemplam todas as necessidades da operação tornam-se falhos, trazem custos desnecessários e, muitas vezes, pioram as condições de trabalho existentes.

4.1.3 Vibrações

As vibrações que afetam os trabalhadores em suas atividades laborais estão relacionadas, por exemplo, ao uso de lixadeiras, parafusadeiras, veículos motores, empilhadeiras, entre outros.

Metodologicamente, devemos separar e avaliar as vibrações de extremidades dos membros superiores (mãos e braços) das vibrações de corpo inteiro. Ambas as metodologias de avaliação estão descritas em normativas da Fundacentro, respectivamente na NHO 9 e na NHO 10 (Fundacentro, 2013a; 2013b).

Os limites de exposição observados na NR 15 (Brasil, 1978k) para as vibrações são de:

- Vibração de mãos e braços (aceleração resultante da exposição normalizada, ou aren) = 5 m/s²
- Vibração de corpo inteiro (aren) = 1,1 m/s²

Condições de trabalho acima dos limites previstos caracterizam insalubridade de grau médio, após laudo técnico nos ambientes de trabalho. Os laudos técnicos devem ser elaborados com rigor metodológico e os trabalhadores orientados quanto à manipulação das ferramentas manuais, uma vez que os vetores de força nas análises de vibração são sensíveis a quaisquer movimentações, podendo interferir significativamente nos resultados, conforme observado no Exemplo 4.2, a seguir.

Exemplo 4.2

Uma indústria de autopeças procedeu a verificações de vibração localizada de mãos e braços nas atividades com uso de lixadeiras manuais e identificou valores altos em praticamente todos os postos de trabalho (10 m/s², 18 m/s² e 15 m/s²).

Intrigado com os resultados, o técnico em segurança da empresa chamou a consultoria especializada para refazer as medições e conferir se os valores estavam tão elevados realmente. Algumas situações foram identificadas:

- as verificações estavam metodologicamente incorretas, pois a vibração captada também era referente à movimentação das mãos dos operadores. A avaliação demonstrou, em média, 4 m/s² nas operações, ou seja, dentro dos limites recomendados;
- mesmo dentro dos limites de exposição permitidos, os trabalhadores queixavam-se de dores no ombro;
- o diagnóstico indicou que havia a necessidade da troca das lixadeiras devido ao peso do equipamento (8kg), e não pelo fator de risco relacionado à vibração.

As vibrações podem provocar diversos efeitos no organismo, entre as principais consequências, estão:

- perda de equilíbrio;
- aumento da frequência cardíaca;
- dificuldades de concentração;
- distúrbios visuais.
- degeneração dos tecidos muscular e nervoso, ocasionando disfunções como síndrome do túnel do carpo, tendinites, entre outras inflamações.

Algumas medidas preventivas incluem o uso de ferramentas e equipamentos adequados (peso, frequência e manutenção), manutenção de máquinas e veículos automotores, bem como determinação de antropometria adequada nos ambientes de trabalho e de limitação do tempo de exposição, ou seja, criando o rodízio de funções.

4.1.4 Agentes biológicos

A identificação e a avaliação dos agentes biológicos ocorre de modo qualitativo, com base no tipo de agente presente no ambiente de trabalho. O contato rotineiro do trabalhador com o agente é suficiente para caracterizar a presença de insalubridade em grau máximo ou médio.

Quadro 4.2 – Grau de insalubridade descrito na NR 15

Grau de insalubridade	Contato permanente com
Máximo	Pacientes em isolamento por doenças infecto-contagiosas; Carnes de glândulas, vísceras, couros e dejetos de animais; Esgotos – galerias e tanques; Lixo urbano – coleta e industrialização.
Médio	Hospitais, enfermarias, postos de atendimento – de pessoas ou animais; Laboratórios de análise clínica e histopatologia; Cemitérios – exumação de corpos; Estábulos, cavalariças e resíduos de animais.

Fonte: Brasil, 1978k.

Avaliações qualitativas devem apresentar, de maneira clara, a exposição e os meios de propagação do agente. É importante observar se a atividade é esporádica ou frequente para determinar o risco real à saúde das pessoas.

Medidas preventivas devem, prioritariamente, buscar a eliminação do agente ou a proteção coletiva dos trabalhadores, o que, no caso de agentes biológicos, nem sempre é tarefa fácil. A importância de EPIs nessas situações é essencial, conforme podemos observar no Exemplo 4.3, a seguir.

Exemplo 4.3

Um enfermeiro que executa sua atividade de trabalho em um hospital não pode evitar o contato com o agente (paciente), muito menos com o ambiente, já que trabalha todos os dias nesse local; portanto, é de suma importância que esse trabalhador tenha EPIs adequados (luvas, máscaras, avental etc.) para que a chance de acometimento seja reduzida.

Mais ainda, é fundamental que seja orientado sobre o uso adequado desses equipamentos e sua importância na prevenção de doenças relacionadas ao trabalho.

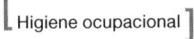

4.1.5 Agentes químicos

Uma série de agentes potenciais de danos podem ser encontrados nos ambientes de trabalho relacionados a partículas em suspensão, líquidos, operações em subsolo, entre outros. A seguir, você poderá conhecer alguns produtos* relacionados à insalubridade por agentes químicos que, de acordo com concentração ou tipo de atividade, variam de grau mínimo a grau máximo, de acordo com a NR 15 (Brasil, 1978k):

* A lista completa está no Anexo 13 da NR 15 (Brasil, 1978k).

- **Arsênico**: atividades como preparação de tintas à base do composto, fabricação de pesticidas, descoloração de vidros, cartas e papéis à base de arsênico, conservação de peles e plumas com o composto.

- **Carvão**: trabalho permanente em subsolo em operações de corte, furação, operações de locomotiva, condutores, engatadores e trabalho na superfície em operações com britadeiras, carga e descarga de silos, transportadores de correia.

- **Chumbo**: fabricação de esmaltes e tintas à base do composto, fabricação/restauração de pilhas e baterias, limpeza e restauração de tanques contendo tetraetila, vulcanização de borracha, tintura e estamparia à base do composto de chumbo.

- **Cromo**: fabricação e manipulação de cromatos e bicromatos, pintura manual e com pistola à base dos pigmentos, cromagem eletrolítica de metais, tanagem (imunização madeira).

- **Fósforo**: extração, preparação e manipulação do composto, fabricação de projéteis incendiários e explosivos, defensivos fosforados.

- **Hidrocarbonetos e outros compostos de carbono**: destilação de petróleo, manipulação de alcatrão, óleo mineral e queimado, fabricação de fenóis, solventes, fabricação de artigos de borracha, fabricação e manipulação de tintas, óleos e graxas.

- **Mercúrio**: fabricação de compostos orgânicos de mercúrio.

- **Silicatos**: operações em minas e túneis (corte, furação, britagem), operações de extração, trituração e moagem de talco, fabricação de material refratário.

- **Substância cancerígenas**: 4-amino difenil, produção de benzidina, beta-naftilamina, 4-nitrodifenil (não deve ser permitida nenhuma exposição, processo totalmente isolado).

- **Operações diversas**: fabricação de pós de alumínio, operações com bagaço de cana em grandes concentrações de poeira, galvanoplastia, trabalho na extração de sal, trabalhos em convés de navios, fabricação e transporte de cal, fabricação e manipulação de enxofre e sulfitos em geral.

A correta identificação do agente é fundamental para avaliar adequadamente a medida preventiva e de acompanhamento que deverá ser empregada. Para tanto, todo produto químico deve ser acompanhado de sua FISPQ (ficha de informações de segurança de produtos químicos). Esse documento é normalizado pela Associação Brasileira de Normas Técnicas (ABNT) e traz informações fundamentais sobre composição de produtos, tipo de agente potencial de dano, medidas de urgência, entre outros.

Qualquer produto que não apresente as informações corretas em sua FISPQ está irregular do ponto de vista de saúde e segurança do trabalho, inviabilizando a correta identificação do perigo possível e, consequentemente, das medidas preventivas e de controle que serão empregadas.

Fique atento!

As atividades de pintura estão associadas a diversos agentes potenciais de danos à saúde dos trabalhadores. Contudo, é preciso identificar corretamente o tipo de agente para caracterizar o grau de insalubridade: atividade de pintura com pigmentos à base de compostos de chumbo executada ao ar livre caracteriza insalubridade grau mínimo, ao passo que a mesma atividade em local fechado representa insalubridade grau máximo; o mesmo pode ser aplicado à pintura com hidrocarbonetos, que apresentam outra condição de risco.

As medidas de eliminação ou coletivas devem ser priorizadas, como a escolha de produtos adequados e a automação de alguns processos. As medidas individuais devem seguir regras existentes na legislação, como o Certificado de Aprovação (CA) do EPI, treinamentos de uso, controles e registros de entrega, entre outros.

4.1.6 Poeiras minerais

Atividades e operações que expõem o trabalhador a poeiras (partículas em suspensão) são consideradas insalubres, se caracterizada a presença dos agentes relacionados abaixo e que constam no Anexo XII da NR 15 (Brasil, 1978k):

- **Asbesto**: fabricação, manipulação, distribuição de amianto (asbesto). Segundo a normativa, empresas de comercialização e de fabricação devem manter cadastro de procedência do material e todos os fornecedores devem identificar todos os produtos informando conter amianto. O limite de tolerância se verifica pela quantidade de "fibras respiráveis" do amianto, sendo fixado o limite de 2,0 f/cm³. Trabalhadores expostos ao amianto devem fazer exames de raio X de tórax e provas de espirometria (prova de função pulmonar), de acordo com calendário estabelecido pelo médico coordenador do PCMSO.

- **Manganês**: operações referentes à extração, tratamento, moagem, transporte do manganês e seus compostos conferem condições de insalubridade e os limites de tolerância são de 5 mg/m³ no ar para uma exposição de oito horas diárias. Atividades de fabricação de pilhas e baterias, vidros e cerâmicas, fabricação e uso de eletrodos de solda, tintas e fertilizantes têm como limite de tolerância até 1 mg/m³ no ar para jornada de oito horas. Os exames médicos semestrais ou anuais predeterminados no PCMSO devem incluir exames de sangue para identificar possíveis contaminações.

- **Sílica**: atividades ligadas à construção civil, mineração, indústrias químicas e manuseio e transportes relacionadas ao composto. É importante identificá-la na forma de quartzo (sílica livre cristalizada), composto agressivo que pode causar danos importantes ao trabalhador, levando à morte. O PCMSO deve contemplar, anualmente ou em períodos definidos pelo médico coordenador, os exames preventivos para identificar sinais de silicose, doença pulmonar e vascular que pode levar à morte.

Medidas preventivas para poeiras minerais em suspensão devem priorizar ações coletivas de isolamento dos agentes agressores ou umidificação dos ambientes para evitar dispersão de partículas no ambiente. Jamais se deve permitir a exposição prolongada aos agentes aqui descritos, sob risco de morte e, em menores proporções, responsabilização direta pelo nexo técnico da doença.

Em última circunstância, se não for possível eliminar a exposição com isolamento dos compostos ou medidas coletivas, devemos optar pelos EPIs, que devem ser inspecionados de maneira cautelosa e criteriosa.

4.2 Atividades e operações perigosas

Atividades perigosas são aquelas que colocam o trabalhador diretamente em risco, comprometendo sua integridade, inclusive, colocando em risco sua vida. Mediante laudo técnico de comprovação, atividades enquadradas nesse quesito conferem direito ao adicional de periculosidade, atualmente, correspondendo a 30% do salário do funcionário.

A NR 16 determina, em seu art. 16.3, que cabe ao empregador caracterizar ou descaracterizar a periculosidade nas atividades de trabalho, mediante laudo técnico elaborado por médico do trabalho ou engenheiro de segurança do trabalho (Brasil, 1978l).

Vejamos as atividades consideradas perigosas segundo a NR 16 (Brasil, 1978l):

- **Explosivos**: o Quadro 1 do Anexo 1 da NR 16 descreve as atividades que fazem jus ao adicional, bem como as áreas de risco, relacionadas à armazenagem dos explosivos.

Quadro 4.3 – Atividades perigosas relacionadas ao contato com explosivos

Atividades	Adicional de 30%
No armazenamento de explosivos	Todos os trabalhadores nessa atividade ou que permaneçam na área de risco.
No transporte de explosivos	Todos os trabalhadores nessa atividade
Na operação de escorva dos cartuchos de explosivos	
Na operação de carregamento de explosivos	
Na detonação	
Na verificação de detonações falhas	
Na queima e destruição de explosivos deteriorados	
Nas operações de manuseio de explosivos	

Fonte: Brasil, 1978l.

- **Inflamáveis**: a NR 16 considera transporte de inflamáveis quaisquer vasilhames ou a granel, com exceção de pequenas quantidades (200 litros para líquidos e 135 kg para gasosos). A seguir, reproduzimos o Quadro 1 do Anexo 2 da norma que apresenta essas condições.

Quadro 4.4 – Atividades perigosas relacionadas ao contato com inflamáveis

Atividades	Adicional de 30%
Na produção, transporte, processamento e armazenamento de gás liquefeito.	Todos os trabalhadores da operação.
No transporte e armazenagem de inflamáveis líquidos e gasosos liquefeitos e de vasilhames vazios não-desgaseificados ou decantados.	
Nos postos de reabastecimento de aeronaves.	Todos os trabalhadores da atividade ou que operam na área de risco.
Nos locais de carregamento de navios-tanque, vagões-tanque e caminhões-tanque e enchimento de vasilhames, com inflamáveis líquidos ou gasosos liquefeitos.	
Nos locais de descarga de navios-tanques, vagões-tanques e caminhões-tanques com inflamáveis líquidos ou gasosos liquefeitos ou de vasilhames vazios não-desgaseificados ou decantados.	
Nos serviços de operações e manutenção de navios-tanque, vagões-tanques, caminhões-tanques, bombas e vasilhames, com inflamáveis líquidos ou gasosos liquefeitos, ou vazios não desgaseificados ou decantados.	
Nas operações de desgaseificação, decantação e reparos de vasilhames não desgaseificados ou decantados.	
Nas operações de testes de aparelhos de consumo do gás e seus equipamentos.	
No transporte de inflamáveis líquidos e gasosos liquefeitos em caminhão-tanque.	Motorista e ajudantes.
No transporte de vasilhames (em caminhões de carga), contendo inflamável líquido, em quantidade total igual ou superior a 200 litros, quando não observado o disposto nos subitens 4.1 e 4.2 deste anexo.	
No transporte de vasilhames (em carreta ou caminhão de carga), contendo inflamável gasosos e líquido, em quantidade total igual ou superior a 135 quilos.	
Nas operações em postos de serviço e bombas de abastecimento de inflamáveis líquidos.	Operador e trabalhadores que operam na área de risco.

Fonte: Brasil, 1978l.

- **Radiações ionizantes e substâncias radioativas**: as radiações ionizantes já têm entendimento atual de que conferem direito de adicional de periculosidade se caracterizada a condição do Anexo 3 da NR 16. A seguir, apresentamos fazemos um quadro-resumo com relação às atividades; o descritivo completo pode ser conferido na norma.

Quadro 4.5 – Atividades perigosas relacionadas ao contato com radiações

Atividades	Áreas de risco
Produção, processamento, transporte e manuseio de materiais radioativos.	Minas e depósitos, usinas de beneficiamento.
Atividades de operação e manutenção de reatores nucleares.	Edifícios de reatores e de estocagem de combustível.
Atividades de operação e manutenção de aceleradores de partículas.	Áreas de irradiação de alvos.
Atividades de operação com raio X, com irradiação gama, beta ou nêutrons.	Salas de irradiação e de operação de aparelhos de raios X, gama, beta ou nêutrons. Excluídas áreas móveis de operação com raio X.
Atividades de medicina nuclear.	Salas de diagnóstico ou de terapia com medicina nuclear.
Descomissionamento de instalações nucleares e radioativas.	Áreas de instalações nucleares e radioativas contaminadas e com rejeitos.
Descomissionamento de minas, moinhos e usinas de tratamento de materiais radioativos.	Tratamento de rejeitos, repositório de rejeitos naturais e rejeitos de mineração.

Fonte: Brasil, 1978l.

- **Exposição à roubos ou outras espécies de violência física**: exposição que se destina às atividades de segurança pessoal e patrimonial, incluindo segurança de órgãos públicos e privados, transportes coletivos, escolta, eventos e outros descritos no Quadro 1 do Anexo 3 da NR 16, reproduzido na sequência.

Quadro 4.6 – Atividades perigosas relacionadas a roubos e/ou violência física

Atividades	Descrição
Vigilância patrimonial	Segurança patrimonial e/ou pessoal na preservação do patrimônio em estabelecimentos públicos ou privados e da incolumidade física de pessoas.
Segurança de eventos	Segurança patrimonial e/ou pessoal em espaços públicos ou privados, de uso comum do povo.
Segurança nos transportes coletivos	Segurança patrimonial e/ou pessoal nos transportes coletivos e em suas respectivas instalações.
Segurança ambiental e florestal	Segurança patrimonial e/ou pessoal em áreas de conservação de fauna, flora natural e de reflorestamento.
Transporte de valores	Segurança na execução do serviço de transporte de valores.
Escolta armada	Segurança no acompanhamento de qualquer tipo de carga ou de valores.

(continua)

(Quadro 4.6 – conclusão)

Atividades	Descrição
Segurança pessoal	Acompanhamento e proteção da integridade física de pessoa ou de grupos.
Supervisão/fiscalização Operacional	Supervisão e/ou fiscalização direta dos locais de trabalho para acompanhamento e orientação dos vigilantes.
Telemonitoramento/ telecontrole	Execução de controle e/ou monitoramento de locais, através de sistemas eletrônicos de segurança.

Fonte: Brasil, 1978l.

- **Energia elétrica**: contempladas pelo Anexo 4 da NR 16, as atividades e operações perigosas relacionadas à energia elétrica conferem direito de adicional aos trabalhadores que executam tarefas em equipamentos de alta tensão, com trabalho em proximidade, conforme prevê a NR 10 (Brasil, 1978h), e algumas situações do sistema elétrico de consumo (SEC) de baixa tensão e dos equipamentos integrantes do sistema elétrico de alta potência (SEP). O Quadro 1 do Anexo 4 apresenta as atividades com respectivas áreas de risco, reproduzidas na sequência.

Quadro 4.7 – *Atividades perigosas relacionadas ao contato com energia elétrica*

Atividades	Áreas de risco
I – Atividades, constantes no item 4.1 da norma, de construção, operação e manutenção de redes de linhas aéreas ou subterrâneas de alta e baixa tensão integrantes do SE1P, energizados ou desenergizados, mas com possibilidade de energização acidental ou por falha operacional.	Estruturas, condutores e equipamentos de linhas aéreas de transmissão, subtransmissão e distribuição, incluindo plataformas e cestos aéreos usados para execução dos trabalhos Pátio e salas de operação de subestações Cabines de distribuição Estruturas, condutores e equipamentos de redes de tração elétrica, incluindo escadas, plataformas e cestos aéreos usados para execução dos trabalhos Valas, bancos de dutos, canaletas, condutores, recintos internos de caixas, poços de inspeção, câmaras, galerias, túneis, estruturas terminais e aéreas de superfície correspondentes Áreas submersas em rios, lagos e mares.

(continua)

(Quadro 4.7 – conclusão)

Atividades	Áreas de risco
II – Atividades, constantes no item 4.2 da norma, de construção, operação e manutenção nas usinas, unidades geradoras, subestações e cabinas de distribuição em operações, integrantes do SEP, energizados ou desenergizados, mas com possibilidade de energização acidental ou por falha operacional.	Pontos de medição e cabinas de distribuição, inclusive de consumidores Salas de controles, casa de máquinas, barragens de usinas e unidades geradoras Pátios e salas de operações de subestações, inclusive consumidoras.
III – Atividades de inspeção, testes, ensaios, calibração, medição e reparos em equipamentos e materiais elétricos, eletrônicos, eletromecânicos e de segurança individual e coletiva em sistemas elétricos de potência de alta e baixa tensão.	Áreas das oficinas e laboratórios de testes e manutenção elétrica, eletrônica e eletromecânica onde são executados testes, ensaios, calibração e reparos de equipamentos energizados ou passíveis de energização acidental Sala de controle e casas de máquinas de usinas e unidades geradoras Pátios e salas de operação de subestações, inclusive consumidoras Salas de ensaios elétricos de alta tensão Sala de controle dos centros de operações.
IV – Atividades de treinamento em equipamentos ou instalações integrantes do SEP, energizadas ou desenergizadas, mas com possibilidade de energização acidental ou por falha operacional.	Todas as áreas descritas nos itens anteriores.

Fonte: Brasil, 1978l.

- Motocicleta: a utilização de motocicleta para deslocamento a trabalho em vias públicas é considerada atividade perigosa – o que é possível confirmar pelo alto índice de acidentes, muitos fatais, todos os anos. No entanto, não se configura como atividade perigosa, segundo o Anexo 5 da NR 16, as seguintes situações:
    - utilização do veículo no transporte casa-trabalho e trabalho-casa;
    - utilização de veículos que não necessitem emplacamento ou que não exijam carteira de habilitação para conduzi-los;
    - atividades em motocicletas em locais privados, por exemplo, uso interno na empresa;
    - utilização de forma eventual, ou mesmo diária, mas com tempo muito reduzido.

Ao determinar o grau de exposição nas condições de trabalho, o profissional poderá optar pelo adicional de periculosidade ou de insalubridade, muitas vezes, presentes na mesma situação de trabalho, no que for mais vantajoso ao trabalhador.

É importante, mais uma vez, destacar que o adicional de periculosidade deve ser identificado e mensurado em laudo técnico, conferindo o direito ao trabalhador que, efetivamente, fica em contato com a situação de risco.

Fique atento!

A atividade de armazenagem de açúcar em barracões é considerada uma atividade perigosa diante do risco de explosão em razão da existência de partículas em suspensão no ar. Inclusive, a iluminação no local é prejudicada, muitas vezes, pela iluminação deficiente.

O operador interno desse tipo de barracão que executa tarefas de armazenagem e retirada de sacarias do galpão deve ter em seu salário o complemento de 30% de adicional, mas os motoristas que apenas transitam eventualmente pelo local, esperando o procedimento de recebimento ou expedição, têm baixa exposição, portanto, não têm direito ao adicional.

Fonte: TRT-RS – Tribunal Regional do Trabalho da 4ª Região. Processo RR – 1676-37.2012.5.15.0125. 10 ago. 2018.

Na decisão proferida pelo juiz, ficou evidenciada a necessidade de atividade e operação com direta exposição e não apenas de forma eventual.

É possível acumular adicional de insalubridade e periculosidade?
O art. 193, inciso 2º da CLT, versa que o trabalhador deverá optar pelo adicional de insalubridade ao invés de periculosidade, se este for mais benéfico.

Apesar de algumas decisões em contrário, a jurisprudência majoritária tem mantido o texto da CLT, orientando e direcionando as decisões na situação que for mais benéfica ao trabalhador.

O percentual de insalubridade varia de 10% a 40% do valor do salário mínimo, e o adicional de periculosidade tem valor fixo em 30% sobre o salário base do trabalhador.

Na empresa existe uma atividade enquadrada como perigosa, mesmo assim é necessário laudo caracterizando-a?
Sim. Como prevê o art. 16.3 da NR 16: "É responsabilidade do empregador a caracterização ou a descaracterização da periculosidade, mediante laudo técnico elaborado por Médico do Trabalho ou Engenheiro de Segurança do Trabalho, nos termos do artigo 195 da CLT" (Brasil, 1978l).

Portanto, em termos documentais, é fundamental ter o laudo caracterizando ou descaracterizando qualquer situação perigosa pelo profissional capacitado para tal.

É de suma importância a identificação da presença e contato dos trabalhadores com diversos agentes relacionados à sua atividade profissional, mesmo que de forma não contínua. A seguir, relacionamos um exemplo de uma ação julgada procedente pela Vara do Trabalho da Cidade de Piracicaba, no interior de São Paulo, quanto à atividade em contato com combustíveis, mesmo que de forma não contínua.

Estudo de caso

IPEM é condenado a pagar adicional de periculosidade a especialista em metrologia e qualidade

A 7ª Câmara do TRT-15 manteve a condenação arbitrada pelo Juízo da 2ª Vara do Trabalho de Piracicaba ao Instituto de Pesos e Medidas do Estado de São Paulo para pagar à reclamante, uma especialista em metrologia e qualidade, adicional de periculosidade.

Segundo se confirmou nos autos, a trabalhadora tinha como funções "fiscalizar e verificar as condições metrológicas em postos de gasolina, indústrias de diversos setores, balanças rodoviárias, radares, taxímetros, medidores de gases atmosféricos etc., trabalhando basicamente toda a jornada em campo".

O laudo da perícia confirmou que "há enquadramento para o adicional de insalubridade conforme estabelece a NR-16 da Portaria 3.214/78". [...].

O laudo atestou ainda que a trabalhadora se utilizava, em suas atividades, de óculos de segurança, protetor auditivo, respirador descartável e luvas, e tinha recebido "treinamento sobre uso e conservação destes equipamentos de segurança individual e sobre as normas que tratam de serviços em altura, espaços confinados e proteção contra incêndios". [...]. Em seu recurso, a reclamada insistiu na tese de "ausência de periculosidade em face do tempo de exposição"[...].

A relatora do acórdão [...] discordou da reclamada quanto à periculosidade, mas entendeu que ela tinha razão quanto à fixação de multa.

Fonte: Lopes Junior, 2019.

■ **Síntese**

Neste capítulo, analisamos as NRs 15 e 16, evidenciando o que são atividades insalubres e perigosas, os limites de tolerância e/ou exposição aos agentes descritos pelas normas e como as medidas preventivas devem ser empregadas e controladas no ambiente de trabalho.

Condições insalubres ou perigosas são, frequentemente, encontradas nos ambientes de trabalho e precisam ser tratadas com especial atenção pelos profissionais da área e pela alta direção. Uma vez detectado o agente, a empresa deve adotar medidas para a redução ou a eliminação dos fatores de risco e, se for o caso, já incluir o adicional de remuneração mensalmente ao trabalhador (se insalubridade, referente ao salário mínimo e, se periculosidade, referente ao salário-base).

O fato é que os riscos que abordamos neste capítulo têm potencial importante de causar agravos à saúde dos trabalhadores e necessitam de medidas assertivas para garantir ambientes de trabalho seguros.

■ **Para saber mais**

Para aprofundar os conhecimentos, sugerimos a leitura de todos os anexos das NRs 15 e 16, que tratam, especificamente, das condições analisadas neste capítulo. Nos anexos, é possível identificar todos os agentes, inclusive, aqueles que não foram por ventura aqui descritos.

BRASIL. Portaria n. 3.214, de 8 de junho de 1978. NR 15: atividades e operações insalubres. **Diário Oficial da União**, Brasília, DF, 6 jul. 1978. Disponível em: <https://normasregulamentadoras.wordpress.com/2008/06/06/nr-15/>. Acesso em: 24 out. 2019.

BRASIL. Portaria n. 3.214, de 8 de junho de 1978. NR 16: atividades e operações perigosas. **Diário Oficial da União**, Brasília, DF, 6 jul. 1978. Disponível em: <https://normasregulamentadoras.wordpress.com/2008/06/06/nr-16/>. Acesso em: 24 out. 2019.

■ Questões para revisão

1. Segundo a NR 15, "concentração ou intensidade máxima ou mínima, relacionada com a natureza e o tempo de exposição do agente, que não causará dano à saúde do trabalhador, durante a sua vida laboral" (Brasil, 1978k). O conceito apresentado refere-se a:

   a. fator de risco.
   b. periculosidade.
   c. insalubridade.
   d. limites de tolerância.
   e. exposição ocupacional.

2. Assinale a alternativa que indica a atividade que se caracteriza como agente de periculosidade:

   a. Exposição aos combustíveis.
   b. Exposição a ruído elevado.
   c. Exposição a altas temperaturas.
   d. Exposição à iluminação deficiente.
   e. Exposição a vibrações de corpo inteiro.

3. Assinale a alternativa que indica a condição necessária para atribuir grau máximo de insalubridade quanto ao risco biológico:

   a. Atendimento em enfermarias de hospitais.
   b. Contato com lixo urbano.
   c. Laboratório de análises clínicas.
   d. Atividades em cemitérios.
   e. Cuidados com animais – estábulos.

4. Cite três agentes que são classificados como poeiras minerais.

5. Quais medidas preventivas podem reduzir a exposição aos níveis de ruído no ambiente?

■ Questões para reflexão

1. As medidas preventivas são responsabilidade da empresa, como determinam as normativas, mas a participação dos trabalhadores nesse processo é fundamental. Em sua opinião, quais estratégias poderiam ampliar a segurança nos ambientes de trabalho e engajar os trabalhadores nessas ações?

2. Detectando condições insalubres ou perigosas, a empresa tem a opção de pagar mensalmente o valor indenizatório na folha de pagamento dos funcionários, com intuito de evitar questionamentos posteriores na Justiça, cobrando esses valores. Em sua opinião, essa é uma alternativa válida? É possível se proteger juridicamente, pagando mensalmente os custos de insalubridade e periculosidade?

5 Ergonomia normativa e o sistema homem-máquina

Conteúdos do capítulo
- NR 17.
- Variáveis em ergonomia.
- Antropometria.
- Projetos ergonômicos.

Após o estudo deste capítulo, você será capaz de:
1. interpretar a NR 17 e a legislação atual correlata;
2. entender as variáveis de análise de risco;
3. aplicar requisitos antropométricos aos processos e projetos em ergonomia.

5.1 O que é ergonomia e como se aplica

Segundo definição da International Ergonomics Association (IEA), reproduzida pela Associação Brasileira de Ergonomia (Abergo),

> Ergonomia (ou Fatores Humanos) é a **disciplina científica** que trata da compreensão das interações entre os seres humanos e outros elementos de um sistema, e a **profissão** que aplica teorias, princípios, dados e métodos, a projetos que visam otimizar o bem-estar humano e a *performance* global dos sistemas. (IEA, 2008, p. 1, grifo do original)

Considerada uma área de estudos relativamente complexa por agregar conhecimentos de diversas disciplinas, a ergonomia tem sido classificada, tradicionalmente, de acordo com os domínios de especialização. A seguir, apresentamos os domínios mais empregados:

- **Ergonomia física**: dedicada ao estudo das condições biomecânicas, posturais, esforços empregados, aspectos dimensionais, manuseio de cargas e demais condições que podem impactar diretamente as condições físicas do trabalhador.

- **Ergonomia cognitiva/psicossocial**: voltada ao entendimento dos processos mentais do trabalho, da aprendizagem e dos conflitos, do sofrimento no trabalho, das situações que levam ao estresse, entre outros.

- **Ergonomia organizacional**: estuda como o trabalho é planejado e executado na organização, incluindo o planejamento de produção, turnos e horários, efetivo de trabalho, perfil da população trabalhadora e demais variantes.

No Brasil, a ergonomia é regulamentada pela Norma Regulamentadora (NR) 17. Segundo essa norma, cabe aos empregadores realizar a análise ergonômica do trabalho (AET) para adaptar as condições de trabalho às características psicofisiológicas dos trabalhadores (Brasil, 1978m).

A AET é o documento-base para desenvolvimento de diversas ações em ergonomia, como gestão em saúde e segurança, programas preventivos – incluindo ginástica laboral, *blitzes* posturais, treinamentos e educação –, bem como projetos e concepção de novos postos de trabalho.

Fique atento!

A AET é o documento legal, que consta na NR 17, para a identificação e a avaliação de riscos presentes nas diversas situações de trabalho. Esse documento, ao longo dos anos, ficou conhecido, erroneamente, como *laudo ergonômico*, fazendo menção aos documentos de saúde e segurança do trabalho que, rotineiramente, são elaborados nesse formato. *Laudo ergonômico* é um termo comercial, que não consta na normativa existente!

Diferentemente da caracterização de limites de exposição, a ergonomia tem como objetivo identificar situações de potencial dano e transformar as condições de trabalho com base nas atividades das pessoas.

É importante destacar que autores de origem francesa, como François Guérin, Antoine Laville e Alain Wisner, preconizam que as reais demandas que surgem em ergonomia são decorrentes do distanciamento entre aquilo que é prescrito pela organização (tarefa) e o que, de fato, acontece na prática cotidiana (atividade).

Para que você entenda as diferenças entre **trabalho prescrito** (ou tarefa) e **trabalho real** (atividade), apresentamos um exemplo:

Exemplo 5.1

Uma empresa fabricante de máquinas determina, meticulosamente, os tempos de produção e o trabalho-padrão dos funcionários. A meta é que, a cada cinco horas, uma máquina seja finalizada e disponibilizada. Ao longo do processo, todos os tempos das estações de trabalho são cruzados para que o produto pronto saia no tempo correto e em conformidade com as especificações.

Entretanto, identificou-se que, ao longo do processo, vários minutos "são perdidos", seja pela falta de peças, seja por retrabalhos ou pela falta de pessoas, entre outros. Isso é observado justamente no resultado desse distanciamento entre o que é prescrito e o que é executado, uma variabilidade normal que sempre existirá em qualquer tipo de processo.

Essa diferença entre tempos e métodos, normalmente, vem acompanhada do aumento da carga de trabalho de modo a compensar as peças/máquinas que faltaram, em geral, observada na realização de horas extras, portanto o diagnóstico ergonômico do Exemplo 5.1 não será embasado apenas em movimentos, posturas e outros fatores físicos; ele está centrado na organização do trabalho e, principalmente, na prática real dos trabalhadores. Compreendendo a atividade de trabalho, é possível melhorar as prescrições (tarefa) e, consequentemente, transformar a situação existente de maneira efetiva.

Voltando à questão legal, observamos, na NR 17, a menção para que sejam avaliadas, no mínimo, as condições de levantamento e de manuseio de cargas, mobiliário e equipamentos, bem como as condições ambientais e a organização do trabalho (Brasil, 1978m).

Nos próximos tópicos, apresentaremos algumas particularidades dos itens preconizados pela norma.

5.2 Levantamento, transporte e descarga individual de materiais

Ao longo de muitos anos, o manuseio de cargas tem-se materializado como um dos grandes vilões no que se refere a queixas dos trabalhadores, lesões ocupacionais de coluna e membros superiores.

Segundo a NR 17, o "transporte manual de cargas designa toda atividade realizada de maneira contínua ou que inclua, mesmo de forma descontínua, o transporte manual de cargas" (Brasil, 1978m). Veja, a seguir, algumas situações passíveis de enquadramento nos quesitos mencionados:

- pegar caixas e montar um *pallet*, no final de uma linha de produção;
- empurrar ou puxar uma carga com paleteira manual;
- pegar sacos de cimento para abastecer uma betoneira;
- recolhimento de lixo, como fazem os coletores municipais.

Sempre que possível, devem ser indicados meios auxiliares para o manuseio de cargas, como pontes rolantes, carrinhos transportadores, talhas, entre outros, de modo a reduzir o esforço físico dispendido pelos trabalhadores. A normativa assinala, ainda, a importância de que os trabalhadores sejam instruídos quanto ao manejo manual de cargas, a fim de prevenir condições de risco e agravos à saúde (Brasil, 1978m).

Os limites de carga individual permitida dependem de inúmeros fatores, entre eles, peso efetivo, frequência de levantamento, qualidade da pega, dimensões do objeto e distância percorrida no levantamento.

Esses parâmetros foram mais bem definidos e ampliados quanto à aplicação com a publicação de uma série de normativas ISO, traduzidas pela ABNT, como a série ISO 11228. Dividida em três partes, seu objetivo é avaliar, qualitativa e quantitativamente, os riscos associados à movimentação manual de cargas. Conheça a normativa a seguir.

- **ISO 11228-1**: publicada em 2017, tem como base os estudos do Instituto Niosh e avalia o levantamento e a descarga de materiais acima de 3 kg. Com a atualização do método, é possível determinar o limite de peso recomendado (LPR) e o índice de levantamento (IL) em atividades simples – que se repetem da mesma maneira – ou compostas – que alternam em relação ao peso, alturas, entre outras varáveis (ABNT, 2017a).

- **ISO 11228-2**: também traduzida pela ABNT em 2017, tem por objetivo fornecer diretrizes para avaliação do risco biomecânico associado às atividades de empurrar e puxar cargas. Utiliza como base as tabelas psicofísicas de esforço da Liberty Mutual, conhecidas como *tabelas de Snook e Ciriello*, autores do método original, e acrescenta importantes parâmetros para a identificação e a quantificação do risco ergonômico (Ciriello; Snook; Hughes, 1993). Além disso, apresenta métodos de quantificar a carga cumulativa permitida para trabalhadores individuais ao longo da jornada de trabalho, estabelecendo limites diários de manuseio. (ABNT, 2017b)

- **ISO 11228-3**: a terceira parte da norma foi a primeira a ser traduzida e publicada pela ABNT em 2015, com objetivo de avaliar a movimentação de cargas leves com alta frequência de repetição – 3 kg ou menos. A normativa apresenta métodos que permitem identificar e quantificar a sobrecarga de membros superiores e estimar o risco associado aos movimentos repetitivos. Atualiza também os conceitos relacionados à repetitividade, que dependem, entre outros fatores, de posturas adotadas, frequência de repetições por minuto e número de ações técnicas empregadas em cada ciclo de trabalho (ABNT, 2015).

Os limites considerados adequados não são valores pré-fixados, mas dependem de um conjunto de fatores que são avaliados independentemente e, depois, em conjunto, a fim de determinar o grau de risco presente na atividade.

Algumas recomendações simples e efetivas para o **manuseio de cargas** podem ser implementadas sem custos significativos para as empresas. Conheça alguns exemplos:

- manter a coluna reta e usar a musculatura das pernas durante levantamentos;
- manter a carga o mais próximo possível do corpo, melhorando a força de alavanca dos membros superiores;
- procurar sempre levantar cargas de forma simétrica, com as duas mãos, evitando deslocamentos laterais da coluna vertebral;
- manter, conforme recomendação, a altura de levantamento de cargas acima do nível dos joelhos e abaixo da linha dos ombros;
- deixar livre a área onde ocorrem os levantamentos, sem obstáculos;
- compreender que pessoas diferentes têm capacidades diferentes. Em geral, mulheres e idosos têm capacidade menor de carga, aspecto que deve ser levado em consideração nas adequações do ambiente;
- eliminar posturas críticas e esforços físicos significativos durante execução de movimentos repetitivos;
- optar, sempre que possível, por dispositivos auxiliares para movimentação manual de cargas;
- estabelecer pausas regulares e rodízios entre trabalhadores de modo a diversificar as tarefas.

5.3 Mobiliário e equipamentos

A NR 17 faz menção a uma condição muito interessante em ergonomia: o **trabalho sentado**. Segundo a norma, sempre que possível, o posto de trabalho deve ser projetado ou adaptado para a posição sentada (Brasil, 1978m).

De fato, o trabalho na posição sentada oferece, em geral, mais conforto e menor gasto energético do que o trabalho em pé. Algumas condições, porém, podem ser dificultadas, sendo importante que o profissional esteja atento e projete estações que atendam às demandas da atividade real dos trabalhadores, conforme relatado no Exemplo 5.2, a seguir.

Exemplo 5.2

Seguindo a proposta da NR 17, uma ação desenvolvida pelo Ministério Público, no interior do estado de São Paulo, determinou que as estações de trabalho na indústria calçadista (pesponto) deveriam ser adaptadas para a posição sentada, medida adotada até início dos anos 2000. De fato, uma melhora biomecânica foi notada na maior parte das atividades, entretanto, após alguns anos de implementação, parte desse acordo teve de ser revista porque atividades que exigem esforço físico maior são difíceis de ser realizadas na posição sentada. Essas atividades voltaram a ser realizadas em pé e com o uso de bancos semissentados (equipamento utilizado para apoiar as nádegas) para momentos de descanso de membros inferiores.

Figura 5.1 – Exemplo de banco semissentado

O que entendemos, aqui, como *mobiliário adequado* é aquele que permite adaptar as condições dimensionais do posto ao trabalhador por meio de mecanismos de regulagem – condição também descrita na norma (Brasil, 1978m). Quando é possível ajustar a altura da mesa e da cadeira, por exemplo, é possível adequar ao perfil de cada trabalhador, personalizando a experiência individual de cada um e atendendo aos requisitos legais.

Na prática, observamos que a mesa ou a estação de trabalho, normalmente, é fixa, com regulagens presentes na cadeira, monitores e outros dispositivos. Nesse caso, é imprescindível que a cadeira tenha, segundo a NR 17: "Altura ajustável, assento sem conformação em sua base, borda frontal arredondada, encosto levemente adaptado ao corpo e permitir inclinação para maior conforto" (Brasil, 1978m).

Iida (2005) apresenta recomendações adequadas de mobiliário para uso de computadores (mesa, cadeiras e telas). Vejamos a Tabela 5.1, a seguir.

Tabela 5.1 – Dimensões recomendadas para mobiliário de escritório

Variáveis	Dimensões recomendadas	Observações
Assento		
Altura do assento	38 – 57 cm	Coxas devem ficar na horizontal, quando o joelho fizer 90°.
Ângulo assento/encosto	90 – 120°	Deve ser ajustável, com uma média de 110°.
Teclado		
Altura do teclado	60 – 85 cm	Deve ficar na altura do cotovelo ou até 3 cm abaixo.
Altura da mesa	58 – 82 cm	Deve seguir a altura do teclado, da tela e o espaço para as pernas.
Espaço para as pernas		
Altura	20 cm	Deve permitir acomodação e movimentação das coxas.
Profundidade	60 – 80 cm	Profundidade de 60 cm na altura dos joelhos e 80 cm no nível do piso.
Largura	80 cm	Deve permitir movimentação lateral das pernas.
Tela		
Altura	90 – 115 cm	Altura é medida entre o centro da tela e o piso.
Distância visual	41 – 93 cm	Depende do tipo de tarefa executada.
Ângulo visual	0 – 30°	É medida para baixo, a partir da horizontal no nível dos olhos.

Fonte: Iida, 2005.

Oferecer o mobiliário sem adequado treinamento de uso não atende, exatamente, à norma, visto que o trabalhador precisa saber como usar o equipamento e identificar desvios em relação à situação ideal.

Fique atento!

É muito comum observarmos, nas atividades administrativas de entrada de dados proveniente de notas fiscais, inadequações posturais no posto de trabalho. Com frequência, os trabalhadores posicionam as notas fiscais em frente ao teclado para melhorar a visualização das informações e, consequentemente, adotam postura inadequada de membros superiores, com elevação de ombro (para alcance do teclado) e ampliação da carga muscular estática.

Essa condição poderia ser melhorada e adequada com um suporte para documentos, de modo a ajustá-los ao campo de visão do trabalhador.

5.4 Condições ambientais

Diferentemente das avaliações relacionadas aos limites de exposição, em ergonomia, o impacto das condições ambientais deve ser observado sob a ótica da atividade do trabalhador, principalmente, em situações que exijam atividade intelectual.

Nessas condições, os limites de exposição não são suficientes para determinar uma situação de trabalho confortável, segura e eficiente. Portanto, devemos adaptar as condições de trabalho com base na natureza das atividades dos trabalhadores (Brasil, 1978m):

Os parâmetros de conforto da NR 17, descritos no item 17.5.2, são (Brasil, 1978m):

- 65 dB para efeito de conforto – curva de avaliação de ruído não superior a 60 dB;
- índice de temperatura efetiva entre 20° e 23°;
- velocidade do ar não superior a 0,75 m/s;
- umidade relativa do ar não inferior a 40%;
- níveis de iluminamento adequados de acordo com tarefa realizada.

Temos observado, em diversas análises em ergonomia, que os fatores ambientais não são avaliados, pois os dados do Programa de Prevenção de Riscos Ambientais (PPRA) são empregados para esse efeito, contudo o objetivo da verificação ambiental em ergonomia é diferente do PPRA, com direcionamento para a atividade real e as condições de conforto.

Não há justificativa para não avaliar os fatores ambientais sob a desculpa de que os valores limites já estão previstos no PPRA ou Laudo Técnico das Condições Ambientais de Trabalho (LTCAT) da empresa, pois são documentos distintos e com objetivos diferentes.

Mais ainda: entendemos que o impacto das condições ambientais sob a atividade real das pessoas pode ser dificultado, por exemplo, por fatores como vestimenta pesada afetando a temperatura efetiva; iluminação geral adequada, mas com sombras locais prejudicando o campo de visão; níveis de pressão sonora atrapalhando a capacidade de concentração do trabalhador.

Quando deslocamos essa avaliação para a atividade real, é imprescindível a verbalização dos trabalhadores, por isso escalas multidimensionais e entrevistas estruturadas podem auxiliar o profissional no entendimento dessas necessidades.

5.5 Organização do trabalho

A AET, segundo a NR 17, deve avaliar a organização do trabalho levando em consideração as normas de produção, o modo operatório, o ritmo de trabalho e a exigência de tempo, bem como os conteúdos da tarefa e a determinação do conteúdo de tempo (Brasil, 1978m).

Diversas empresas buscam descrever suas operações detalhadamente em manuais de produção, fichas de instrução de tarefa, trabalho-padrão, entre outros instrumentos. Contudo, a abordagem pouco considera fatores ergonômicos, como tempos de deslocamentos das pessoas, necessidade de posicionar corretamente peças e componentes, posturas adequadas na execução de movimentos e tempos para alcances biomecânicos.

Outro fator importante nas AETs é que o tempo de produção é condição extremamente complexa e de difícil alinhamento com a ergonomia, em especial, para atividades cíclicas em linhas de produção. Existe grande dificuldade em incrementar, no planejamento de produção, os conceitos de conforto e segurança.

Em atividades com turnos rotativos, devemos dedicar especial atenção aos trabalhadores que executam duplas jornadas (como enfermeiros, por exemplo), aos indivíduos que não se adaptam ao trabalho noturno e à realização de horas extras. O exemplo a seguir ilustra como as demandas de produção nem sempre consideram as necessidades ergonômicas da tarefa e sobrecarregam os trabalhadores.

Exemplo 5.3

Em uma montadora, observa-se que o *takt time** de montagem de cabines é de 50 minutos em cada estação de trabalho. Durante análise ergonômica, verificou-se que o tempo do operador varia de 50 a 52 minutos em uma das estações, sem tempos ociosos. Quando questionado, o operador verbaliza que "é normal na cabine do caminhão, que compensa depois na máquina". Porém, durante a coleta de dados *in loco*, a demanda por caminhão foi muito maior do que por máquinas, sobrecarregando funcionalmente o trabalhador e acarretando carga mental, porque ele "para a linha" com frequência.

O diagnóstico é que o departamento de tempos e métodos não previu essa demanda no trabalho-padrão e aumentou a carga de trabalho do operador.

* *Takt time* está relacionado ao ritmo de produção, determinando qual o tempo disponível de produção para atender às necessidades do cliente (mercado). Um *takt time* ajustado leva em conta todos os recursos da empresa – horas trabalhadas, peças/produtos produzidos, pessoas, máquinas, entre outros.

A carga de trabalho proveniente do fator organização de trabalho tem origem em diversas fontes, com destaque para o planejamento e o controle de produção, aspectos ligados à gestão de pessoas, efetivo de trabalho insuficiente, horas extras em excesso e condições de higiene ocupacional inadequadas.

As queixas e as disfunções podem acometer os aspectos físicos das pessoas, manifestando-se por dores corporais, fadiga muscular, perda de força, coordenação motora prejudicada e alterações de sensibilidade. Os aspectos cognitivos também podem manifestar-se com sobrecarga mental de trabalho, insatisfação e, em casos mais extremos, estresse e doenças como depressão ou síndrome do pânico.

Uma das medidas que mais surtem efeito com relação ao equilíbrio entre solicitação muscular (seja estática, seja dinâmica) são as pausas programadas, uma vez que nosso organismo recupera parte das funções durante o repouso, restabelecendo capacidade contrátil, oxigenação e nutrição.

Na NR 17, temos a determinação de pausas de 10 minutos a cada 50 minutos trabalhados nas atividades de digitação – relação que tem sido estabelecida também para atividades cíclicas, ou seja, mesmo quando não há a caracterização de tarefas com entrada de dados, por exemplo, trabalhos administrativos com computador de modo geral (Brasil, 1978m).

As pessoas têm capacidades diferentes de assimilar as solicitações do seu dia adia, no trabalho e no convívio familiar. As demandas gerais a que todos nós somos expostos são (deveriam ser) recuperadas ao final do dia, quando dormimos e retomamos nossas capacidades físicas e mentais. Entretanto, quando as solicitações ultrapassam nossa capacidade de recuperação, temos um efeito cumulativo que pode causar distúrbios relacionados ao trabalho.

5.6 Nova dinâmica da ergonomia – eSocial

Em 2014, foi publicado o Decreto n. 8.373, de 11 de dezembro de 2014, que instituiu o Sistema de Escrituração Digital das Obrigações Fiscais, Previdenciárias e Trabalhistas (eSocial), que substitui diversas obrigações mensais das empresas (Brasil, 2014). Em janeiro de 2018, as grandes empresas começaram a cadastrar os dados no sistema e, até final de 2019, todas as informações – incluindo saúde e segurança do trabalho – devem estar inseridas no sistema.

Vejamos a lista de obrigações substituídas pelo envio no eSocial:

- GFIP – Guia de Recolhimento do FGTS e de Informações à Previdência Social
- Caged – Cadastro Geral de Empregados e Desempregados para controlar as admissões e demissões de empregados sob o regime da CLT
- Rais – Relação Anual de Informações Sociais
- LRE – Livro de Registro de Empregados
- CAT – Comunicação de Acidente de Trabalho
- CD – Comunicação de Dispensa
- CTPS – Carteira de Trabalho e Previdência Social
- PPP – Perfil Profissiográfico Previdenciário
- Dirf – Declaração do Imposto de Renda Retido na Fonte
- DCTF – Declaração de Débitos e Créditos Tributários Federais
- QHT – Quadro de Horário de Trabalho
- Manad – Manual Normativo de Arquivos Digitais
- Folha de pagamento
- GRF – Guia de Recolhimento do FGTS
- GPS – Guia da Previdência Social

As informações em SST com maior importância para o sistema concentram-se na inserção dos ambientes de trabalho e, posteriormente, os fatores de risco do ambiente de trabalho. Esses dados vão compor o PPP citado com a inclusão, a partir do sistema, das informações ergonômicas que, anteriormente, não precisavam ser inseridas.

As informações digitais têm como princípio melhorar a organização empresarial, permitir uma documentação eficiente da empresa e ampliar o escopo das ações fiscalizatórias, que passam a ser mais ágeis e assertivas.

O que muda com a prática do sistema?

Observe as mudanças ocorridas com o eSocial na Figura 5.2:

Figura 5.2 – Mudanças para empresas em trabalhadores com o eSocial

EMPRESAS	TRABALHADORES
• Registros imediatos de novas informações	• Transparência com relação às informações de seu contrato de trabalho
• Integração de processos	• Informações sobre pagamentos
• Disponibilização imediata aos órgãos envolvidos	• Informações sobre condições de trabalho

A dinâmica em ergonomia do eSocial é semelhante à estrutura da NR 17, dividindo riscos em cinco classes: biomecânicos, mobiliário/equipamentos, ambientais, organização do trabalho e cognitivos/psicossociais (Brasil, 2014).

Tabela 5.2 – Relação de riscos listados na Tabela 23 do eSocial

Riscos		Código
Biomecânicos	Postura incômoda	04.01.001
	Postura sentada por longos períodos	04.01.002
	Postura de pé por longos períodos	04.01.003
	Deslocamentos a pé frequentes	04.01.004
	Esforço físico intenso	04.01.005
	Levantamento e transporte manual de cargas	04.01.006
	Ação de puxar/empurrar cargas	04.01.007
	Movimentos Repetitivos	04.01.008
	Manuseio de ferramentas e/ou objetos pesados	04.01.009
	Exigência de uso frequente de força, pressão, preensão	04.01.010
	Compressão de partes do corpo por superfícies rígidas ou com quinas	04.01.011
	Necessidade de flexão da coluna vertebral	04.01.012
	Uso de pedais	04.01.013
	Uso de alavancas	04.01.014
	Elevação de membros superiores	04.01.015
	Manuseio de cargas "sem pega" ou com "pega pobre"	04.01.016
	Exposição à vibração de corpo inteiro	04.01.017
	Exposição à vibração localizada	04.01.018
	Uso frequente de escadas	04.01.019
	Trabalho com teclado/dispositivo de entrada de dados	04.01.020
Mobiliário e equipamentos	Posto de trabalho improvisado	04.02.001
	Mobiliário sem meios de regulagem de ajuste	04.02.002
	Equipamentos/máquinas sem meios de regulagem ou sem condições de uso	04.02.003
	Posto de trabalho não planejado/adaptado para a posição sentada	04.02.004
	Assento inadequado	04.02.005
	Encosto do assento inadequado ou ausente	04.02.006
	Mobiliário/equipamento sem espaço para movimentação de segmentos corporais	04.02.007
	Alcances inadequados	04.02.008
	Equipamentos/mobiliários não adaptados à antropometria do trabalhador	04.02.009

(continua)

(Tabela 5.2 – conclusão)

Riscos		Código
Organizacionais	Trabalho realizado sem pausas pré-definidas para descanso	04.03.001
	Ritmos intensos de trabalho	04.03.002
	Trabalho em turnos	04.03.003
	Monotonia	04.03.004
	Trabalho noturno	04.03.005
	Insuficiência de capacitação para execução da tarefa	04.03.006
	Trabalho com utilização rigorosa de metas de produção	04.03.007
	Trabalho remunerado por produção	04.03.008
	Cadência do trabalho imposta por um equipamento	04.03.009
	Desequilíbrio entre tempo de trabalho e tempo de repouso	04.03.010
Ambientais	Ruído	04.04.001
	Temperatura	04.04.002
	Velocidade do ar	04.04.003
	Umidade do ar	04.04.004
	Iluminação (diurna)	04.04.005
	Iluminação (noturna)	04.04.006
	Reflexos em telas, painéis, vidros, monitores	04.04.007
	Piso escorregadio e/ou irregular	04.04.008
Psicossociais / cognitivos	Situações de estresse	04.05.001
	Situações de sobrecarga de trabalho mental	04.05.002
	Exigência de alto nível de concentração, atenção e memória	04.05.003
	Comunicação dificultada	04.05.004
	Conflitos hierárquicos	04.05.005
	Demandas emocionais/afetivas	04.05.006
	Assédio	04.05.007
	Trabalho com demandas divergentes	04.05.008
	Realização de múltiplas tarefas, com alta demanda cognitiva	04.05.009
	Insatisfação	04.05.010
	Falta de autonomia	04.05.011

Fonte: Brasil, 2014.

5.7 Antropometria

Ao pensarmos no projeto de um posto de trabalho, uma estação fixa, uma linha de produção ou mesmo nas dimensões de um produto, devemos sempre levar em consideração qual usuário estará em contato com esse projeto. Isso remete diretamente a alguns questionamentos: Serão pessoas de que estatura? Serão homens e mulheres? O trabalho será executado na posição sentada ou em pé?

Todas essas perguntas estão diretamente relacionadas ao campo da antropometria, uma área que mensura e avalia as medidas corporais dos indivíduos – variáveis como comprimento de braço e antebraço, estatura e alcances possíveis são exemplos de medidas úteis nos projetos de postos de trabalho.

Indivíduos são diferentes entre si, tanto por questões étnicas quanto de gênero ou regionais. Por isso, os projetos antropométricos devem estar alinhados aos objetivos da população e das atividades que serão desenvolvidas. Quanto mais assertiva a coleta de dados e/ou a determinação da população, melhores serão os resultados dos projetos.

O uso de tabelas-padrão confere alguns riscos importantes ao projeto, visto que as medidas de um indivíduo médio, normalmente, não atenderão à maioria da população-alvo, ou seja, mais baixos e mais altos ficarão fora dos padrões estabelecidos. Desse modo, é muito recomendável que nos atentemos ao que chamamos de *percentis*.

Para compreender esse conceito, considere a seguinte situação hipotética: o projeto de um painel de comando, à frente do qual o operador trabalhará sentado, acionando botões e interpretando informações, deverá ser elaborado com base nas medidas corporais dos trabalhadores de uma fábrica. Serão alocados, nessa estação, 30 trabalhadores de ambos os sexos e de diversas idades.

Por meio de uma fórmula matemática, poderemos determinar o tamanho amostral para coleta de dados, de acordo com nível de significância e erro amostral – por exemplo, chegaremos, hipoteticamente, a uma amostra de 25 pessoas que serão avaliadas com relação às suas medidas corporais para um nível de significância de 95%.

Isso denota, prontamente, que nosso projeto pretenderá atender 95% das pessoas que estarão alocadas nessa estação e que 5% delas poderão (hipoteticamente) ficar fora dos padrões preestabelecidos. Nesse caso, chegaremos a duas conclusões óbvias:

Nosso projeto-padrão atenderá 95% das pessoas que trabalharão na estação.

Os demais 5% que ficarão de fora serão contemplados por adequações pontuais e personalizadas na estação de trabalho.

E qual a vantagem da adoção desse método?

A vantagem reside no fato de se estabelecer padrões, com base científica, reduzindo, significativamente, custos de projeto e produção e permitindo uma otimização dos sistemas produtivos.

Você já imaginou como seria se a indústria de mesas e cadeiras fizesse projetos personalizados para todos os indivíduos? O resultado seria produção em baixa escala e custo altíssimo de produção – como você pode facilmente observar na confecção de planejados sob medida.

Voltando ao projeto do nosso painel de comando, ainda precisamos determinar uma variável muito importante: Esse painel será projetado quanto ao alcance das mãos, para os mais baixos ou para os mais altos?

Aqui, nosso objetivo está em determinar, novamente com base na estatística, quais características dessa população nós queremos atender: os 95% mais altos ou os 95% mais baixos? A resposta é simples: os 95% mais baixos, pelo fato de que, se os mais baixos conseguem alcançar, os maiores também o farão!

Usando esse mesmo raciocínio, pensemos, agora, no projeto de uma porta e decidiremos se ela será projetada para os maiores ou para os menores. A resposta agora parece bem mais clara e, com certeza, optaremos em desenvolvê-la para os maiores, pois se estes conseguem passar, os menores o farão também, com enorme facilidade.

A antropometria deve sempre estar relacionada ao objetivo do projeto, ao perfil populacional e às possibilidades de recursos do projeto. Entendemos que, quanto mais personalizada for a proposta antropométrica, melhores serão os resultados em termos de ergonomia, porém, consequentemente, maiores serão os custos.

5.7.1 Antropometria estática

A antropometria estática é aquela em que são coletadas medidas com o corpo parado, com objetivo de estabelecer o tamanho de determinados segmentos corporais. Algumas das principais medidas de interesse em ergonomia são: estatura, altura dos olhos, altura dos ombros, comprimento de braço e antebraço, comprimento e largura do pé.

Medidas brasileiras são de difícil reprodução pela falta de dados confiáveis e escassez de estudos sobre o tema. Por esse motivo, tabelas internacionais vêm sendo aplicadas pelos profissionais que atuam em SST, sem que haja uma boa aderência com a população brasileira.

Na tentativa de estabelecer medidas de referência, identificamos um estudo da Agência Nacional de Aviação Civil (Anac), de 2009, desenvolvido com uma grande amostra de usuários de diversas companhias aéreas, identificando medidas relacionados ao conforto nas aeronaves nacionais. Observe na Tabela 5.3, a seguir, os dados da pesquisa.

Tabela 5.3 – Dados antropométricos (população brasileira) levantados pela Anac

Medida	Média (cm)	Desvio padrão
Estatura	173,1	7,3
Largura dos ombros	46,7	3,1
Largura do quadril	38,7	3,0
Comprimento glúteo-joelho	60,7	3,1
Altura popliteal*	45,0	2,2
Altura do joelho	55,1	3,1

Fonte: Elaborado com base em Silva; Monteiro, 2009.

* Altura popliteal é a altura do chão até a fossa poplítea (região anatômica composta por músculos, fáscias, tendões e tecido adiposo, localizada na face posterior do joelho).

Em um levantamento realizado por Couto (1995), com 500 trabalhadores das áreas industrial e administrativa, de ambos os sexos, da região paulista do ABC, apresenta dados relativamente diferentes, como você pode comparar na Tabela 5.4, a seguir.

Tabela 5.4 – Dados antropométricos obtidos na indústria

Medidas (em cm)	Mulheres		Homens	
	Média	DP	Média	DP
Estatura	158,8	6,13	171,5	6,79
Altura dos olhos	147,6	5,98	160,0	6,61
Altura dos ombros	131,0	5,45	143,2	6,46
Altura dos cotovelos	99,5	4,29	109,1	5,31
Altura das mãos	61,8	3,31	66,1	4,31
Largura do tronco	38,9	3,27	42,8	4,70
Largura do quadril	39,1	4,03	35,5	3,63
Altura poplítea	40,9	2,56	48,8	2,75
Comprimento nádegas-poplítea	45,3	2,62	46,9	2,67
Tamanho da mão	16,6	1,06	18,2	1,17

Fonte: Couto 1995, citado por Iida, 2005, p. 122.

Como você deve ter concluído, a melhor forma de determinar padrões para projetos de postos de trabalho é avaliar a população a que se destina o projeto e, somente em último caso, fazer uso de tabelas padronizadas. Você deve sempre se lembrar de que os projetos devem atentar-se aos percentis adequados e à usabilidade a que se destina.

5.7.2 Antropometria dinâmica

A antropometria dinâmica mede os alcances corporais, as angulações e as aplicações do ser humano em movimento, relacionando-os com as necessidades da tarefa. Essa definição deverá ser ampliada para o que chamamos de *área ótima* e *área de máximo alcance*. Para compreender esses conceitos, visualize a situação a seguir.

Dentro de um automóvel, note como os espaços internos são pensados milimetricamente. Agora, observe que comandos essenciais ficam localizados em áreas de fácil alcance, que não exigem grandes deslocamentos corporais do motorista, como volante, setas, acionamento de farol, câmbio, pedais e alguns outros componentes.

Contudo, se você observar o posicionamento dos espelhos retrovisor e laterais, notará que os alcances são mais distantes, justamente pelo fato de que os posicionamos uma única vez e, normalmente, não alteramos mais sua configuração.

Agora, se você atentar que, para alcançar o ajuste do banco do passageiro, o motorista precisa parar o carro, perceberá que não é um dispositivo que foi projetado para o motorista, e sim para o acompanhante.

Na situação relatada, todos os dispositivos localizados em áreas de fácil acesso para o motorista e em áreas que não demandam grandes deslocamentos corporais dele estão posicionados na área ótima de trabalho. Já os espelhos estão posicionados na área de máximo alcance permitido. Há, ainda, o posicionamento do ajuste de banco do passageiro, que, como está muito distante, não deve ser operado pelo motorista, descrevendo uma **condição não permitida**.

Em todos os postos de trabalho, o ajuste das posições de componentes, equipamentos e ferramentas permitirá um desempenho biomecânico adequado para o operador, respeitando as dimensões corporais e priorizando a funcionalidade da tarefa, conforme ilustrado na Figura 5.3, a seguir.

Figura 5.3 – Áreas de alcance máximo e ótimo

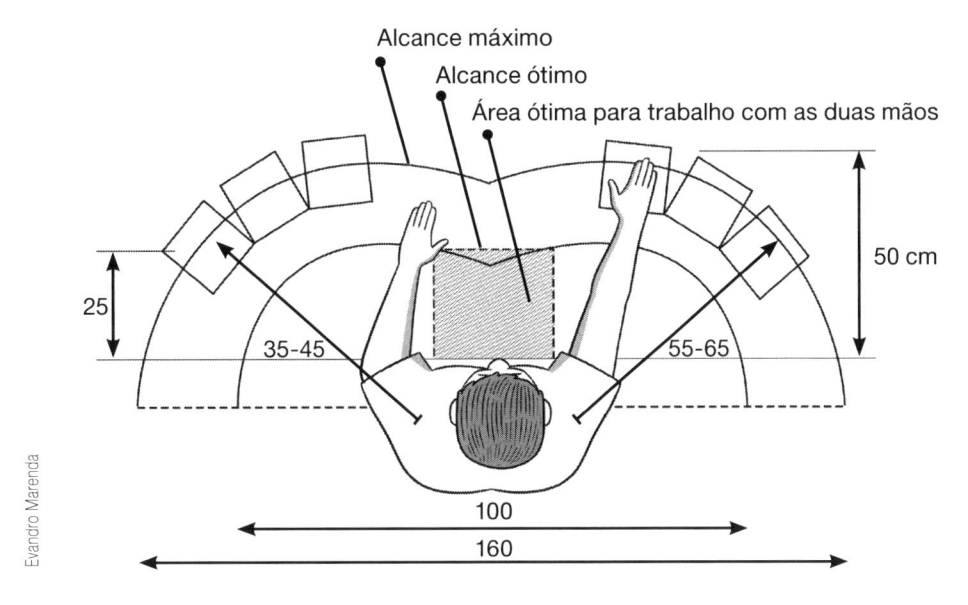

Fonte: Kroemer; Grandjean, 2005, p. 59.

As bancadas para o trabalho em pé também devem ser projetadas considerando os posicionamentos com base na atividade real das pessoas, determinando, por exemplo, o tipo de esforço realizado na escolha da altura da bancada.

A Figura 5.4, a seguir, ilustra a usabilidade da tarefa em relação à altura da bancada de trabalho.

Figura 5.4 – Altura da bancada em relação ao tipo de tarefa

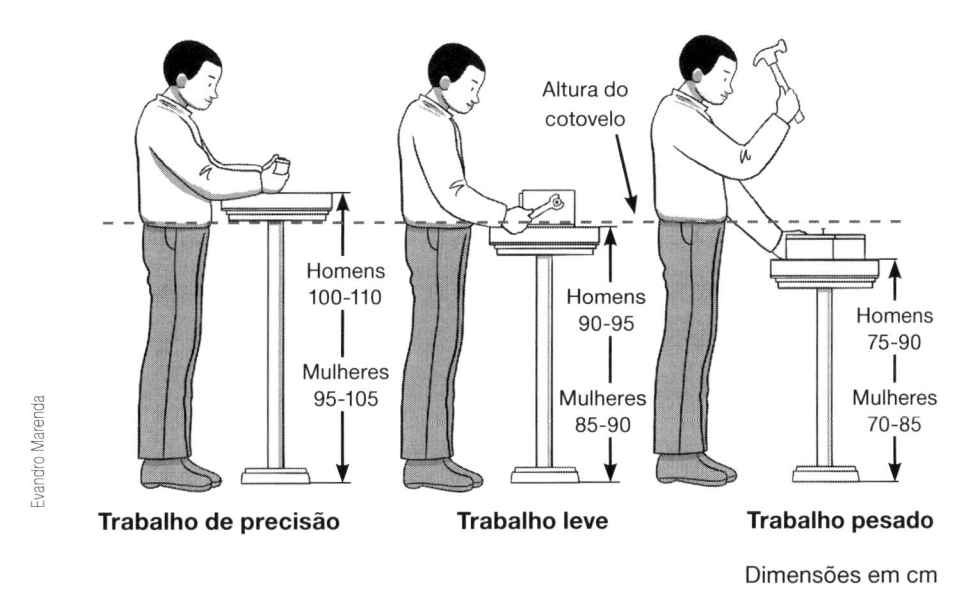

Dimensões em cm

Fonte: Iida, 2005, p. 147.

Trabalhos de precisão devem estar posicionados, usualmente, acima do nível dos cotovelos para melhorar campo de visão e destreza da tarefa; trabalhos leves devem estar posicionados no nível do cotovelo; e trabalhos pesados, abaixo do nível dos cotovelos, priorizando o uso de alavancas corporais em sua execução.

Você deve ter em mente que projetos inadequados acarretam graves consequências à saúde das pessoas e riscos ao processo, entre eles, destacamos os seguintes:

- **Posturas inadequadas**: alcances projetados erroneamente obrigarão os trabalhadores a, por exemplo, elevar o ombro para pegar uma caixa, flexionar o tronco para acessar o material, ou ainda, um agachar em excesso para pegar peças em uma caixa de armazenagem.

- **Erros no processo**: a fadiga proporcionada pelos deslocamentos corporais desnecessários diminui o nível de concentração na tarefa, dificulta o campo visual e pode levar a perdas no processo por produtos que passam despercebidos ou que são confeccionados fora dos padrões de qualidade.

- **Insatisfação**: projetos ruins, que não consideram uma boa acomodação corporal, geram dores ou desconfortos e, consequentemente, irritabilidade nas pessoas. A dificuldade ocasionada pelos alcances inadequados promove descontentamento e afeta diretamente as capacidades do indivíduo.

Figura 5.5 – Postura inadequada em razão de projeto mal elaborado do posto

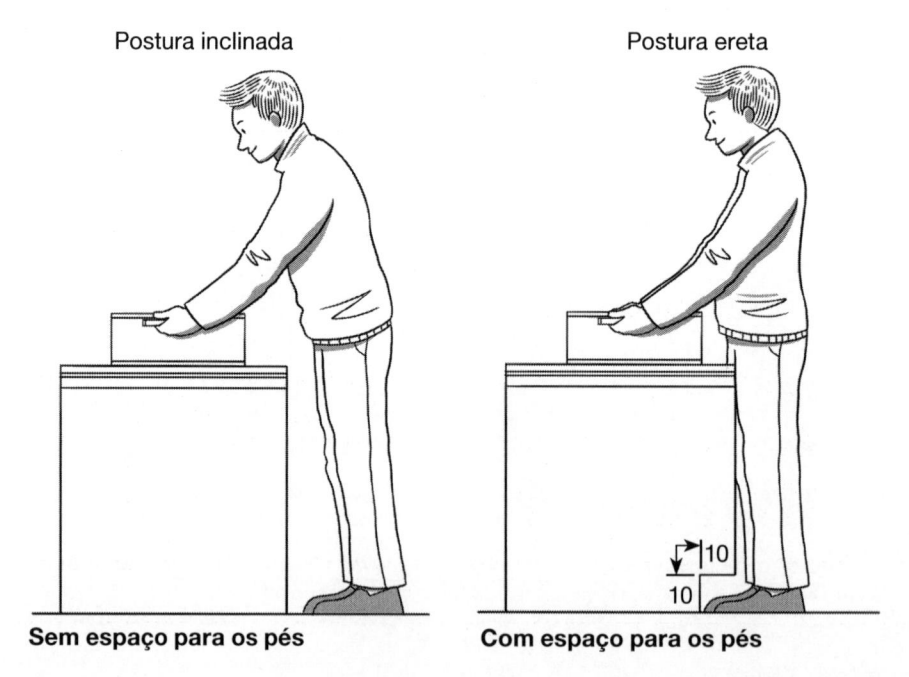

Fonte: Iida, 2005, p. 148.

5.8 Projetos em ergonomia

Os projetos em ambiente industrial, em geral, terão menores custos de produção quanto mais forem padronizados, todavia esses princípios, muitas vezes, divergem dos preceitos da ergonomia, que busca adaptar o trabalho ao homem, não o contrário.

Projetos de postos de trabalho ou ferramentas com enfoque ergonômico necessitam de informações sobre natureza da tarefa, posturas, direcionamento dos gestos, olhares, fatores ambientais e processamento de informações.

O projeto não é, necessariamente, sempre de criação (novo), mas sempre de transformação (algo a ser implementado ou existente). Nesse caso, é importante que seja desenvolvido após uma análise ergonômica do trabalho, como abordaremos mais adiante.

Iida (2005) sugere que algumas atividades sejam levadas em conta no projeto ergonômico do posto de trabalho, como você pode conferir no Quadro 5.1, a seguir.

Quadro 5.1 – Necessidades para o projeto ergonômico do posto de trabalho

	Atividades para o projeto do posto de trabalho
1	Levantar características da tarefa, equipamentos e ambiente.
2	Identificar usuários para realizar medidas antropométricas ou obter em tabelas.
3	Determinar faixas antropométricas para assentos, superfícies e alcances.
4	Estabelecer áreas de trabalho ótima e máxima, com base na usabilidade.
5	Providenciar espaços adequados para acomodação corporal.
6	Localizar os dispositivos visuais dentro da área normal de visão.
7	Verificar inter-relação entre sistemas e postos de trabalho.
8	Elaborar desenho em escala e posicionar seus principais componentes.
9	Construir *mock-up* (modelo em escala) e protótipo para testes com os sujeitos.
10	Construção do posto ou situação nova.

Fonte: Elaborado com base em Iida, 2005.

Agruparemos, para efeito prático, essas atividades em critérios para o arranjo físico e critérios de tarefa dos usuários, de modo a apresentar os requisitos mais importantes nos projetos.

5.8.1 Critérios para o arranjo físico

A escolha de critérios mais relevantes depende dos objetivos do projeto, da variedade de elementos envolvidos e das características dos sujeitos que vão operar os comandos. A seguir, apresentamos alguns critérios fundamentais:

- **Critério de importância**: em uma estação de trabalho com computador, a tela e o teclado, normalmente, ficam nas áreas ótimas de operação, e o telefone fica na área máxima. Equipamentos e dispositivos mais importantes devem estar colocados em posição de destaque no posto.

- **Critério de frequência**: tomando como base o exemplo anterior, mas para a atividade de telefonista, o aparelho telefônico apresenta frequência de uso muito maior, consequentemente, deverá ter posicionamento de destaque no posto. A área de montagem em uma bancada deve estar mais bem projetada do que as prateleiras que acondicionam as peças de montagem.

- **Critério de fluxo e intensidade**: comandos sequenciais devem apresentar questões lógicas de posicionamento, comumente, sequências lógicas são da esquerda para a direita ou de cima para baixo. Se, em uma bancada de montagem, as peças A e D têm intensidade de correlação maior do que as peças B e C, o arranjo de intensidade deve ser A, D, B e C.

O posto deve ser dimensionado para que os usuários tenham posturas e espaços adequados – altura da superfície de trabalho, alcances normais, espaço para as pernas, ângulo de visão são fatores dos mais importantes para adaptação do posto de trabalho.

Questões ambientais também devem receber cuidados especiais, principalmente, a iluminação ambiente. Devemos projetar espaços sem que haja incidência direta de luz nas telas de computadores ou que possam ofuscar o campo de visão dos trabalhadores. Observe essas situações na Figura 5.6, a seguir.

Figura 5.6 – Iluminação causando reflexos (1) e iluminação distribuída adequadamente (2)

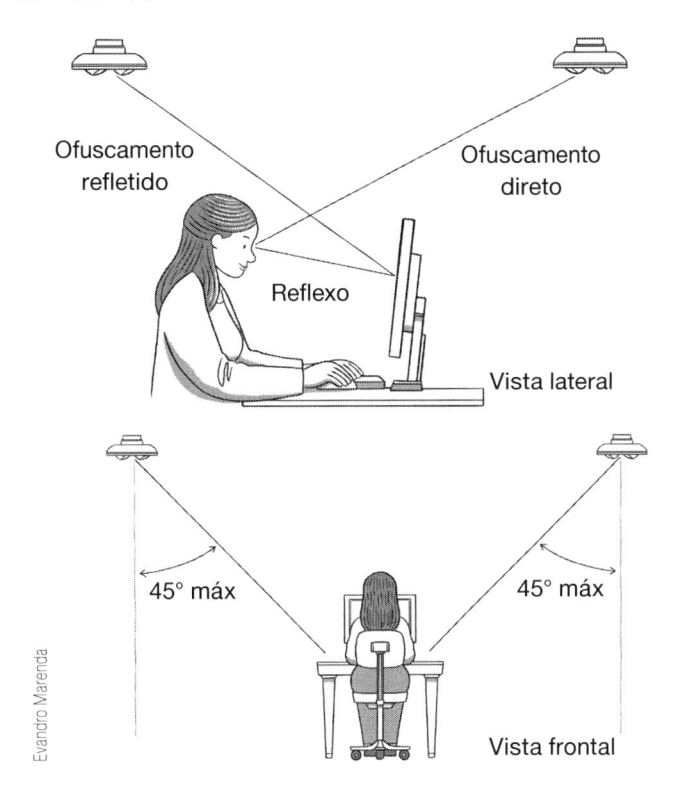

Fonte: Iida, 2005, p. 217.

Outro aspecto que precisamos considerar é que os controles e os manejos devem permitir boa interação homem-máquina, evitando erros de processo, fadiga muscular e acidentes, bem como otimizando a atividade de trabalho.

Nossos movimentos corporais seguem alguns padrões predeterminados e controlados de maneira praticamente automática, o que chamamos de *memória cinestésica* ou *memória de movimento*.

Quando alguém fratura a perna e usa uma órtese de gesso por 60 dias, é normal que, ao retirá-la, os movimentos estejam dificultados, doloridos e, muitas vezes, sem coordenação. A imobilidade afeta a memória cinestésica, obrigando o indivíduo a "reaprender" os movimentos após esse período.

De fato, alguns movimentos são condicionados desde a infância até a vida adulta porque nos acostumamos (e treinamos nosso cérebro) com padrões conhecidos, como:

- o padrão de abertura e fechamento de uma torneira ou de uma fechadura é universalmente conhecido pelo usuário, fato que condiciona nosso cérebro.
- o volume do som é, sabidamente, aumentado ao girarmos o botão para a direita.

Projetos bem-sucedidos dos postos de trabalho devem prever determinadas situações de dúvida ou que levem a erros de operação, quanto menor a possibilidade de erros do operador, maior segurança para a tarefa e menor a carga mental atribuída ao procedimento.

Substituição de acionamentos rotativos por alavancas, encaixes e engates rápidos em vez de engates de rosca; e painéis luminosos em substituições a comandos escritos para sinalização de emergência são exemplos de projetos com objetivo de ampliar a usabilidade do usuário.

5.8.2 Critérios de tarefa dos usuários

Mais importante do que determinar os aspectos físicos da estação de trabalho é determinar o que, de fato, será executado, em que condições, por quais pessoas, com que materiais e equipamentos.

Ao descrevermos a tarefa para o projeto do posto, é preciso definir:
- objetivo, ou seja, o que será feito no posto, em que condições;
- pessoas, isto é, gênero, faixa etária, grau de instrução;
- equipamentos e máquinas que serão utilizados;
- localização e inter-relação no processo produtivo, relação com fornecedores e clientes internos;
- condições ambientais;
- condições organizacionais – turnos, trabalho noturno, grupos.

Se possível, devemos fazer um esquema das tarefas e ações realizadas no posto para determinar as principais características e estímulos recebidos pelo trabalhador. Com base em critérios de operação, estabelecemos percentuais de ocupação relativos às atividades. O Gráfico 5.1 ilustra o exemplo de um esquema:

Gráfico 5.1 – Esquema para determinação de frequência das atividades do posto

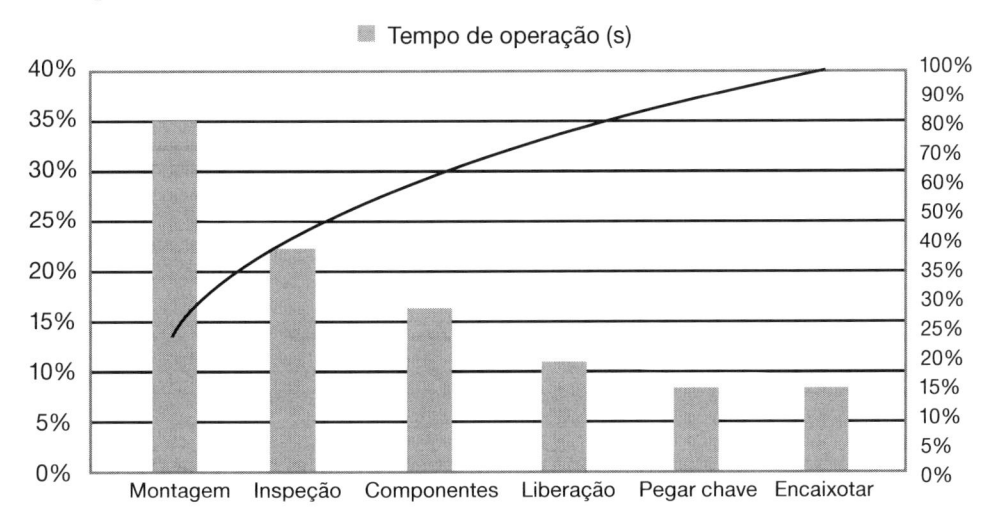

O gráfico das atividades demonstra que, no planejamento das atividades, a montagem de componentes representa 35% da tarefa, inspeção 22%, pegar componentes 16%, e as demais atividades em torno de 10% ou menos. Essa definição gráfica apresenta as condições prioritárias de usabilidade e permite projetar adequadamente os posicionamentos com base em uso.

O próximo passo é definir os tempos de operação e as condições de repetitividade e posições estáticas – que devem ser eliminadas ou minimizadas sempre que possível. A definição de tempos e métodos com base em critérios ergonômicos é tão ou mais importante do que a definição de usabilidade quanto aos tempos de execução de cada ação.

Projetos bem-concebidos ou bem adaptados em relação a algo existente podem evitar custos físicos ou mentais desnecessários aos operadores e otimizar os processos de trabalho, atendendo a condições ergonômicas de conforto e eficiência.

Estudo de caso

Uma empresa metalúrgica que atua na fabricação de máquinas e equipamentos teve uma ação ajuizada no ano de 2016: o funcionário que trabalhava no setor de montagem alegou que o problema de coluna (uma hérnia) tinha relação com sua atividade de trabalho, decorrente da pega de peças e componentes pesados.

Na defesa, a empresa demonstrou, em um estudo ergonômico, que tinha dispositivos de movimentação de carga (talhas e pontes rolantes) em todos os postos do setor e, portanto, havia ausência de nexo causal.

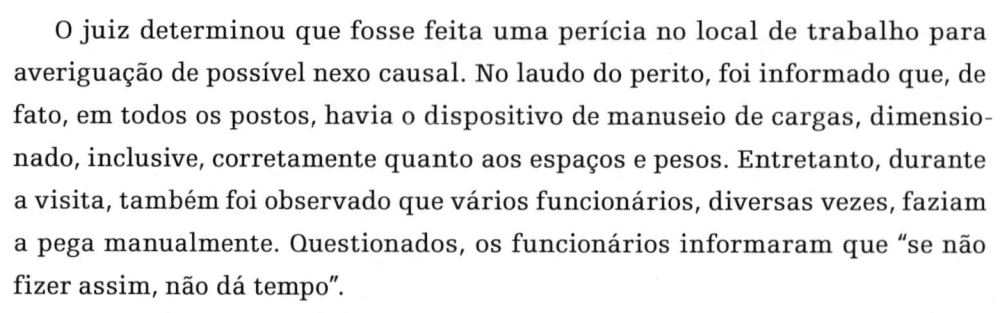

O juiz determinou que fosse feita uma perícia no local de trabalho para averiguação de possível nexo causal. No laudo do perito, foi informado que, de fato, em todos os postos, havia o dispositivo de manuseio de cargas, dimensionado, inclusive, corretamente quanto aos espaços e pesos. Entretanto, durante a visita, também foi observado que vários funcionários, diversas vezes, faziam a pega manualmente. Questionados, os funcionários informaram que "se não fizer assim, não dá tempo".

O nexo foi atribuído, uma vez que existia o recurso automatizado, mas a empresa não oferecia condições de uso aos funcionários em razão do ritmo intenso de trabalho.

O resultado foi uma indenização de 160 mil reais, decorrente do dano.

■ Síntese

Neste capítulo, abordamos a construção da área de ergonomia, suas variáveis de análise e o enquadramento legal. Dessa forma, os conceitos aprendidos podem ser aplicados na prática para os projetos de postos de trabalho e de equipamentos com base nas características humanas antropométricas, de usabilidade e dimensionais.

A correta avaliação do profissional permitirá que os projetos empreendidos atendam à maioria dos usuários de maneira segura, permitindo conforto para as tarefas e otimização dos sistemas produtivos.

■ Para saber mais

Se você deseja aprofundar seus conhecimentos sobre as aplicações da antropometria nas mais diversas áreas, sugerimos duas leituras. A primeira é um artigo sobre antropometria aplicada à moda/vestuário, dos autores Fernanda Caumo Theisen, Heloisa Tavares de Moura e Luis Fernando Folle. A segunda é sobre a utilização de medidas antropométricas e avaliação de eficiência na área agrícola, de autoria de Diego Vidal et al.

THEISEN, F. C.; MOURA, H. T. de; FOLLE, L. F. Inovação no design de moda: articulando antropometria, ergonomia e usabilidade para conforto no uso da calça jeans. **Strategic Design Research Journal**, v. 8, n. 3, September-December 2015. Disponível em: <https://www.researchgate.net/profile/Luis_Folle/publication/304265231_Inovacao_no_design_de_moda_articulando_antropometria_ergonomia_e_usabilidade_para_conforto_no_uso_da_calca_jeans/links/596feddeaca27244e352f9d5/Inovacao-no-design-de-moda-articulando-antropometria-ergonomia-e-usabilidade-para-conforto-no-uso-da-calca-jeans.pdf>. Acesso em: 24 out. 2019.

VIDAL, D. O. et al. Medidas antropométricas e eficiência na colheita manual de citros. **Multi-Science Journal**, v. 1, n. 2, 2015, p. 111-116. Disponível em: <https://www.ifgoiano.edu.br/periodicos/index.php/multiscience/article/view/66/53>. Acesso em: 24 out. 2019.

■ Questões para revisão

1. Área da ergonomia dedicada ao estudo das condições biomecânicas, posturais, esforços empregados, aspectos dimensionais, manuseio de cargas e demais condições que podem impactar diretamente as condições físicas do trabalhador. O conceito refere-se à:
    a. ergonomia cognitiva.
    b. ergonomia psicossocial.
    c. ergonomia física.
    d. ergonomia organizacional.
    e. nenhuma das alternativas.

2. Infelizmente, a NR 17 é uma das normas mais incompletas sobre fatores de risco e medidas preventivas nos ambientes de trabalho, mas, no item mobiliário, ela traz algumas recomendações de uso da cadeira e itens de conformidade. Assinale a alternativa que apresenta o item de não conformidade:
    a. Altura ajustável.
    b. Assento sem conformação em sua base.
    c. Borda frontal arredondada.
    d. Encosto levemente adaptado ao corpo.
    e. Características anatômicas de conforto.

3. Assinale a alternativa que apresenta um item classificado no eSocial como risco organizacional:
    a. Situações de estresse.
    b. Situações de sobrecarga de trabalho mental.
    c. Exigência de alto nível de concentração, atenção e memória.
    d. Trabalho noturno.
    e. Comunicação dificultada.

4. A antropometria serve de base para projetos e adequações nos postos de trabalho levando em conta as dimensões corporais das pessoas. Nesse sentido, busca adequar o trabalho ao homem, não o contrário. Há duas formas de aplicar os conceitos de antropometria: dinâmica e estática. Diferencie essas duas formas de aplicação.

5. Ao elaborar o projeto ergonômico do posto de trabalho, devemos estabelecer critérios embasados em fatores críticos de sucesso, entre eles, um dos mais importantes é o critério que se baseia na tarefa dos usuários. Cite alguns itens que devem ser contemplados no projeto com base na tarefa do usuário.

■ Questões para reflexão

1. Qual o impacto previsto com a implementação do eSocial nas empresas?

2. De que maneira o profissional pode orientar as empresas quanto à observância à NR 17 de ergonomia?

3. Como a ergonomia pode relacionar-se com outras NRs, por exemplo, a NR 9?

6 Análise e gerenciamento em ergonomia

Conteúdos do capítulo
- *Análise ergonômica do trabalho.*
- *Ferramentas de análise de risco.*
- *Gestão em ergonomia.*

Após o estudo deste capítulo, você será capaz de:
1. *compreender a metodologia de análise ergonômica do trabalho;*
2. *aplicar diversas ferramentas utilizadas na quantificação de riscos;*
3. *estabelecer diretrizes para o diagnóstico e plano de ação em ergonomia;*
4. *criar mecanismos e indicadores de gestão.*

6.1 Análise ergonômica do trabalho

Como já mencionamos, o processo de identificação, quantificação e diagnóstico dos riscos ergonômicos tem início com a elaboração da análise ergonômica do trabalho (AET), conforme NR 17 (Brasil, 1978m).

Apesar de abordagens distintas encontradas na literatura, a maioria dos autores aponta para a necessidade de dividir, metodologicamente, a AET em cinco etapas: (1) análise da demanda, (2) análise da tarefa, (3) análise da atividade, (4) diagnóstico e (5) recomendações (Guérin et al., 2001; Santos; Fialho, 1997; Iida, 2005).

6.1.1 Análise da demanda

A etapa inicial do trabalho do ergonomista é identificar, avaliar e reformular a demanda, que se apresenta sempre como uma necessidade direcionada pelo ponto de vista dos interlocutores envolvidos. Uma demanda do setor de engenharia, por exemplo, normalmente está relacionada aos meios de produção, ao ponto que uma demanda do setor de medicina do trabalho será direcionada pela melhoria de qualidade de vida dos trabalhadores.

Via de regra, a demanda tem origem em questões relacionadas à saúde, produtividade ou questões legais. Um alto índice de afastamentos por distúrbios osteomusculares relacionados ao trabalho (Dort), por exemplo, refletirá em custos com tratamentos das disfunções, considerável quantidade de horas perdidas ou, ainda, ação fiscalizatória e, possivelmente, multas.

Nessa etapa (demanda), é importante definir os objetivos do estudo, o alcance da ação, as responsabilidades dos envolvidos e as expectativas quanto aos resultados. Quanto mais claros ficarem os objetivos, maior a chance de sucesso em relação aos resultados.

Exemplo 6.1

Um abatedouro de aves solicitou, por intermédio dos Serviços Especializados em Engenharia de Segurança e em Medicina do Trabalho (SESMT), uma análise ergonômica do setor de evisceração com intuito de identificar sobrecargas funcionais em extremidades de membros superiores em razão do alto índice de queixas e distúrbios osteomusculares. A demanda foi para que se verificasse a força manual com dinamometria e avaliação de dor/desconforto no início e no fim de uma jornada, assim como no primeiro e no último dia da semana, de modo a identificar possíveis efeitos cumulativos com relação à fadiga pela exposição constante aos movimentos repetitivos característicos da tarefa.

Após 60 dias, os resultados demonstraram dados interessantes relativos à correlação de dor nas extremidades distais com perda de força em relação ao tempo de empresa.

O fato é que, logo após a entrega, o gestor da área informou que o estudo havia sido muito bem elaborado, mas que não poderia aplicar os dados que foram coletados. O motivo: todo setor de evisceração seria reformulado, instalado em nova área da empresa e com novos equipamentos, alterando completamente o modo operatório das pessoas.

O exemplo que você acaba de ler ilustra a importância de as demandas iniciais estarem alinhadas e direcionadas de acordo com os objetivos estratégicos da organização, pois ações que não passam por esse alinhamento geram custos desnecessários, elevados e com baixo percentual de sucesso.

Delimitar o escopo de uma ação é um dos momentos fundamentais e complexos do processo em ergonomia porque envolve determinar tempo necessário para o trabalho, tempo dos profissionais, custo do projeto ou serviço a ser implementado e estabelecer qual será o produto dessa ação.

Uma demanda para assistência técnica em uma ação judicial quase nada tem de similaridade com o projeto ergonômico de uma linha de produção e tampouco com uma demanda para elaboração de treinamentos ergonômicos voltados para as tarefas dos funcionários. Ao identificar, instruir e reformular a demanda, o ergonomista pode elaborar um diagnóstico inicial, de nível 1, que permitirá escolher o ferramental metodológico para as etapas subsequentes.

6.1.2 Análise da tarefa

O termo *tarefa* denomina a etapa em que se busca conhecer a realidade da empresa considerando os meios técnicos/tecnológicos, operacionais, de efetivo, relacionados à saúde e à segurança, bem como os aspectos ambientais.

Segundo Guérin et al. (2001), é importante considerar os seguintes aspectos:

- **Dimensão econômica e comercial**: para identificar o contexto em que a empresa está inserida, as características do mercado, o posicionamento econômico, entre outros. Uma empresa líder de mercado em um segmento tem condições de criar tendências, refletindo diretamente nos resultados do trabalho.

- **Dimensão social e demográfica**: para conhecer as características da força de trabalho efetiva, como idade, gênero, tempo de empresa e dados gerais de saúde. Empresas com alto grau de rotatividade podem sugerir que as condições de trabalho não sejam satisfatórias e, possivelmente, o clima organizacional pode estar afetado.

- **Leis e regulamentações**: para identificar particularidades do setor em que a empresa está inserida. Ações ergonômicas em serviços de saúde, por exemplo, devem levar em conta a NR 32 (Brasil, 2005b), uma normativa dedicada ao setor, assim como a NR 36 (Brasil, 2013) é direcionada para as indústrias frigoríficas.

- **Ambiente geográfico**: empresas de um mesmo grupo administrativo localizadas em regiões diferentes do país têm demandas e particularidades totalmente distintas.

- **Dimensão técnica**: para compreender melhor o processo e propor ações mais assertivas. Os termos técnicos e o jargão empregados na indústria metalúrgica são totalmente distintos daqueles empregados no agronegócio, por exemplo.

- **Produção e sua organização**: recolher dados qualitativos e quantitativos sobre a produção, critérios de qualidade e forma de organização do trabalho para identificar, por exemplo, se a empresa trabalha com produção empurrada, cujos critérios são totalmente distintos de uma empresa que trabalha com o conceito de *just in time**. Assim como uma empresa que sofre impactos em razão da sazonalidade, apresentará picos de produção em determinada época do ano – indústria de chocolates, por exemplo.

- **Condições ambientais**: iluminação, ruído, temperatura e outros.

Analisar a tarefa e entender como o trabalho é pensado e estruturado pela empresa, quais são as principais características e em que condições ele é realizado são o que chamamos de *condicionantes do trabalho*. Esse conhecimento do funcionamento da organização é fundamental para estabelecer um diagnóstico de nível 2 e elaborar as primeiras hipóteses, escolher variáveis e situações a analisar.

---

* *Just in time* é uma forma de administração da produção relacionada à produção por demanda, isto é, parte da venda do produto para, depois, iniciar a produção; ao contrário da produção empurrada, em que primeiro se produz para, depois, vender.

6.1.3 Análise da atividade

A análise da atividade é o centro de uma AET, momento em que é possível confrontar os dados levantados nas primeiras etapas com a atividade real (e prática) das pessoas. Os pré-diagnósticos estabelecidos nas análises da demanda e da tarefa devem ser aprofundados e caracterizados qualitativa e quantitativamente, sempre que possível.

Esse planejamento das situações que se pretendem investigar é de fundamental importância porque, nem sempre, é possível verificar toda a empresa de uma vez; ao contrário, muitas vezes, a necessidade de se documentar toda a empresa com a AET leva a ações superficiais e de pouca eficácia prática.

A seguir, elencamos alguns momentos e etapas importantes para subsidiar o diagnóstico ergonômico das situações de trabalho:

- **Determinar corretamente os instrumentos de coleta de dados**: fichas de coleta de campo, registro de imagens em foto e vídeo e cronometragem são importantes para a correta coleta de dados. Se um dos fatores de quantificação for a postura do trabalhador, esses instrumentos devem permitir, por exemplo, determinar angulações articulares, direção dos movimentos, frequência, além de outras variantes.

- **Escolher corretamente os instrumentos qualitativos e quantitativos**: é bem provável que toda análise tenha caracterização de riscos qualitativos e quantitativos. Quando iniciamos uma abordagem, é natural, por exemplo, conversar com os trabalhadores e colher suas verbalizações, de forma estruturada (entrevistas) ou informal (conversando diretamente com as pessoas). Em um segundo momento, precisaremos quantificar algumas condições para determinar se há, ou não, risco ergonômico e, para tanto, o profissional deverá lançar mão de ferramentas de análise (trataremos sobre esse tema brevemente na sequência deste capítulo).

- **Padronizar os relatórios de AET**: independentemente do setor ou ramo de atuação da empresa, é necessário que exista um padrão de elaboração dos relatórios para garantir confiabilidade e reprodutibilidade do estudo. Os riscos devem ser caracterizados de forma clara, de modo que todos os atores envolvidos possam tratar essa informação adequadamente e, depois, no plano de ação.

Esse cruzamento das informações prescritas (tarefa) com a atividade real (atividade) permitirá ao profissional identificar o distanciamento existente entre esses momentos e caracterizar o grau de variabilidade da tarefa – o que chamamos de *determinantes*.

Antes de passarmos ao diagnóstico em ergonomia, faremos um breve descritivo relacionando algumas variáveis muito frequentemente quantificadas em ergonomia com as principais ferramentas empregadas para isso.

As ferramentas oferecem, em geral, um escore, um parâmetro mensurável que pode ser interessante para efeitos de auxílio ao diagnóstico, estabelecimento de critérios de criticidade e comparação entre diferentes postos, áreas. No entanto, frisa-se a importância de que o profissional entenda que todo ferramental é de auxílio ao diagnóstico, não devendo embasar seus relatórios exclusivamente nelas.

6.1.3.1 Rula, Reba e Owas

Rula, Reba e Owas são três das ferramentas biomecânicas mais utilizadas para avaliação de posturas, quantificando posições articulares, frequência de movimentos e/ou sobrecarga estática.

A quantificação de posturas exige que o profissional faça uma análise crítica das posições adotadas pelos trabalhadores, de modo que o recorte de análise represente o todo ao longo da jornada. É importante que essa definição seja precisa para não sub ou superestimar o risco biomecânico.

Observe um resumo com a descrição e as principais características de cada ferramenta no Quadro 6.1, a seguir.

Quadro 6.1 – Principais características de cada ferramenta de avaliação postural

Ferramenta	Descrição	Autores
Rapid Upper Limb Assessment (Rula)	Ferramentas semelhantes que buscam avaliar sobrecarga funcional de membros superiores, incluindo pontuações para tronco e membros inferiores.	McAtamney e Corlett (1993)
Rapid Entire Body Assessment (Reba)		Hignett e McAtmney (2000)
Ovako Working Posture Analysing System OWAS)	Ferramenta que identifica as posturas mais frequentes em relação ao tempo de exposição.	Karku, Kansi e Kuorinka (1977)

Para todas as ferramentas, existe um protocolo (questionário) com modelos das posturas adotadas e escores predefinidos em relação ao posicionamento articular de cada segmento. Ao final, apresentam um escore final de criticidade e que direciona para ação administrativa recomendada.

6.1.3.2 Equação de levantamento – Niosh

Criada pelo Niosh Institute, é uma das ferramentas mais antigas e das mais utilizadas em ergonomia, sendo referenciada, inclusive, pela NR 17, em seu manual de aplicação – única ferramenta descrita na norma.

Utilizada para avaliação de sobrecargas funcionais durante o levantamento e a descarga de materiais, em seu escore final, estabelece o limite de peso recomendado (LPR) e o índice de levantamento (IL), informando o grau de risco associado à atividade analisada.

A fórmula tradicional revisada, de 1994, preconiza a avaliação para tarefas simples, que se repetem ao longo do dia (variáveis citadas não se alteram) e apresenta como variáveis de análise:

- peso do objeto levantado;
- distância horizontal entre o objeto e o corpo do trabalhador;
- distância vertical entre as mãos e o solo no início do levantamento;
- distância percorrida pelo objeto durante o levantamento;
- angulação (simetria) do objeto em relação ao plano sagital;
- frequência de levantamentos (por minutos e em relação à jornada);
- qualidade da pega do objeto.

Com a publicação da ISO 11228-1, em 2017 (ABNT, 2017a), e da ISO TR 12295, em 2014 (ISO, 2014), a ferramenta recebeu atualizações metodológicas que permitem também avaliar tarefas compostas – que alteram, por exemplo, altura da pega, distância horizontal, entre outros. Permite, ainda, quantificar a carga cumulativa ao longo do dia e incluir o transporte na determinação dos tempos de exposição.

Outro ponto atualizado foi o LPR em condições ideais de operação que variam de 15 kg, para mulheres acima de 45 anos, até 25 kg, para homens com idade entre 18 e 45 anos, conforme Tabela 6.1, a seguir.

Tabela 6.1 – Limite de peso recomendado segundo gênero e idade

Idade (anos)	Homens (Kg)	Mulheres (Kg)
18 – 45	25	20
< 18 e > 45	20	15

Fonte: ABNT, 2017a.

6.1.3.3 Tabelas psicofísicas

Ferramenta dedicada à quantificação dos esforços biomecânicos de puxar e empurrar cargas, publicada por Snook, Ciriello e Hughes, em 1993, atualmente, é base para a metodologia preconizada pela ISO 11228-2, de 2017 (ABNT, 2017b).

O objetivo é estabelecer limites de segurança para atividades de movimentação manual de cargas sobre carrinhos transportadores, *trolleys*, vagonetes, monovias, entre outros, e evitar sobrecarga direcionada para a coluna vertebral.

A avaliação é realizada com base na direção da força (puxar ou empurrar), altura da pega em relação ao solo, distância percorrida, frequência de esforços e a força aplicada, que precisa ser verificada com uso de dinamômetro. Os valores coletados são comparados com os limites definidos pelo cruzamento das variáveis citadas.

O método permite avaliar os esforços para homens e mulheres, além de apresentar valores limites distintos para uma força inicial, necessária para quebrar a inércia do objeto, e para uma força de sustentação, a fim de manter o objeto em movimento.

6.1.3.4 Strain Index e Ocra

A análise de movimentos repetitivos é objeto de estudo desde o surgimento das linhas de produção de Henry Ford, com base nos estudos de Frederick Taylor, alvo das ferramentas Ocra e Strain Index.

Publicado por Moore e Garg em 1995, o **Strain Index**, popularmente conhecido como *índice de Moore e Garg*, quantifica o grau de risco biomecânico para extremidades de membros superiores, com base nas seguintes variáveis:

- **Intensidade do esforço**: quantifica os esforços realizados pelos operadores na execução de cada atividade – cada esforço demanda uma quantificação. Para essa medida, pode ser utilizada a avaliação de força máxima, com uso de equipamentos como dinamômetro ou com a escala de esforço de Borg.

- **Duração do esforço**: determina o percentual do esforço anteriormente identificado em relação ao ciclo de trabalho. O ciclo total da atividade de inserir tampas em garrafas de água, por exemplo, corresponde a 20 segundos – pegar garrafa, posicionar, pegar a tampa, posicionar, fechar girando quatro vezes, pegar a garrafa e posicionar novamente na esteira transportadora. O esforço mais importante analisado é o de fechar, que dura, em média, cinco segundos. Ao dividir o tempo de esforço pelo tempo total de ciclo, teremos como resultado a duração do esforço, que, nesse exemplo, foi de 25% do ciclo.

- **Frequência**: em que se aponta, numericamente, quantas vezes esse esforço se repete por minuto.
- **Postura de punho e mão**: condições de repetitividade tendem a ser mais críticas quando a postura adotada durante a tarefa é ruim, por necessidade do modo operatório.
- **Ritmo de trabalho**: descreve se o ritmo de trabalho está bem equilibrado, lento ou muito acelerado. Ritmos intensos são identificados quando os trabalhadores não conseguem dar conta de todos os procedimentos (perdem produtos que passam na linha) ou, ainda, que não têm menor possibilidade de sair de sua posição de trabalho.
- **Duração da tarefa**: tempo de exposição ao fator repetitividade considerando a jornada de trabalho (Moore; Garg, 1995).

O escore final da ferramenta utiliza o sistema de farol, muito aplicado em segurança (verde, amarelo e vermelho), com valores recomendáveis até 3,0. Acima desse valor, a condição é insegura e, acima de 7, considera-se risco alto.

O **método Ocra** (Occupational Repetitive Actions), publicado por Colombini, em 2008, e atualizado em 2013, também objetiva quantificar a movimentação de cargas leves com alta repetição e estabelece as seguintes formas de avaliação:

- *Checklist* **Ocra**: aplica-se para tarefas simples ou que se repetem ao longo do dia de trabalho.
- **Índice Ocra**: para casos em que o trabalhador vivencia várias situações distintas ao longo da jornada, como tempos e movimentos diferentes (Colombini; Occhipinti; Fanti, 2008).

A Ocra é considerada, atualmente, a ferramenta mais completa para avaliação do risco biomecânico de extremidades de membro superior ligado ao fator repetitividade e recomendada pelas normativas ISO 11228-3 (ABNT, 2015) e ISO TR 12295 (ISO, 2014).

O princípio da metodologia é identificar sobrecargas funcionais ao longo da jornada, com base no número de ações técnicas por minuto, no tempo de exposição efetivo no trabalho repetitivo, nas posturas adotadas durante os movimentos, no uso de força, entre outros fatores. O escore final aponta a criticidade do risco com uma escala de cores similar a outros métodos e estabelece uma previsão de pessoas que podem vir a desenvolver patologias em cinco anos, naquela faixa de risco. Observe a Tabela 6.2, a seguir.

Tabela 6.2 – Interpretação de resultados segundo método Ocra (checklist e índice)

Checklist ocra	Índice ocra	Faixas	Nível de risco	Previsão de patologias (% em 5 anos)
Até 7,5	2,2	Verde	Aceitável	< 5,3
7,6–11,0	2,3–3,5	Amarela	Muito leve	5,3–8,4
11,1–14,0	3,6–4,5	Vermelha leve	Leve	8,5–10,7
14,1–22,5	4,6–9,0	Vermelha média	Médio	10,8–21,5
≥ 22,6	≥ 9,1	Violeta	Elevado	> 21,5

Fonte: ABNT, 2015.

Um dos pontos fundamentais do método é a correta identificação das ações técnicas em cada ciclo, descrevendo em conjunto os tempos necessários de execução. São exemplos de ações técnicas: pegar objetos, posicionar, acionar, segurar, girar.

Outra condição importante é determinar o risco individualmente para o membro superior esquerdo e o direito, pois, normalmente, o número de movimentos e esforços realizados é diferente para cada um.

6.1.3.5 Nasa TLX

Desenvolvido por Hart e Staveland (1988), o Task Load Index (Índice de Carga da Tarefa) é um instrumento subjetivo para avaliar a carga de trabalho que pode ser usado para identificar a sobrecarga mental em diferentes situações do sistema de interação homem-máquina.

Ele é composto de uma avaliação multidimensional que adota a perspectiva de taxas comparativas entre cada par de escalas. Em um primeiro momento, o trabalhador aponta, entre cada um dos pares avaliativos, qual a exigência predominante do trabalho para, em seguida, assinalar percentualmente qual a magnitude individual de cada item em sua percepção.

Entre os instrumentos qualificados para avaliação das questões mentais e/ou cognitivas, o Nasa-TLX tem sido um dos mais usados em razão da rapidez e da facilidade de aplicação, demandando apenas alguns minutos para coleta e avaliação. A maioria dos instrumentos que avaliam sobrecargas mentais e psicossociais ou são muito extensos ou muito complexos para aplicação rápida em ambiente laboral.

Quadro 6.2 – Itens de avaliação presentes no Nasa-TLX

Passo 1. Escolher, entre cada par de escalas, a exigência predominante no trabalho	
1. Demanda mental × demanda física	
2. Demanda temporal × demanda física	
3. Demanda temporal × frustração	
4. Demanda temporal × demanda mental	
5. *Performance* × demanda física	
6. Demanda temporal × esforço	
7. *Performance* × demanda mental	
8. Nível de frustração × demanda física	
9. *Performance* × frustração	
10. Frustração × demanda mental	
11. Esforço × demanda física	
12. *Performance* × esforço	
13. Esforço × demanda mental	
14. Demanda temporal × *performance*	
15. Esforço × frustração	

Passo 2. Classificar a percepção de carga em relação a cada item da tabela													
1. Demanda mental (MD)	Baixa	0	10	20	30	40	50	60	70	80	90	100	Alta
2. Demanda física (PD)	Baixa	0	10	20	30	40	50	60	70	80	90	100	Alta
3. Demanda temporal (TD)	Baixa	0	10	20	30	40	50	60	70	80	90	100	Alta
4. *Performance* (OP)	Baixa	0	10	20	30	40	50	60	70	80	90	100	Alta
5. Esforço/Empenho (EF)	Baixo	0	10	20	30	40	50	60	70	80	90	100	Alto
6. Frustração (FR)	Baixa	0	10	20	30	40	50	60	70	80	90	100	Alta

Fonte: Elaborado com base em Hart; Staveland, 1988.

A avaliação da carga mental tem-se mostrado cada vez mais presente e necessária nas situações de trabalho diante da quantidade de estímulos simultâneos a que os trabalhadores são submetidos, do excesso de informações ou mesmo da quantidade de esforços exigidos.

Ao término da etapa de análise da atividade, o profissional deve ter os riscos já caracterizados e quantificados para que o diagnóstico possa ser embasado nas reais condições verificadas e permitir direcionar priorizar as ações administrativas necessárias.

6.1.4 Diagnóstico ergonômico

O diagnóstico de uma situação deve refletir e centralizar as condicionantes (tarefa) e as determinantes (atividade) do trabalho, considerar claramente as possibilidades de transformação da condição atual e definir elementos para o plano de ação das melhorias.

O termo *diagnóstico* é muito comum na prática dos profissionais de saúde, e existem diversas similaridades no processo aqui descrito, que vai da investigação inicial, identificação das características existentes (histórico do paciente), avaliação *in loco* (exame físico), aplicação de ferramentas de análise (exames complementares) até o fechamento do diagnóstico.

Contudo, apesar das similaridades, o diagnóstico ergonômico não está, na maioria das vezes, embasado em situações bem conhecidas como na prática médica. Ele se constrói com base nas observações particulares de cada situação e nos métodos possíveis de quantificação relativos à ação em curso, sendo, portanto, formulado a cada análise elaborada.

Exemplo 6.2

O setor de pintura de uma grande montadora de máquinas pesadas é formado por diversos postos de trabalho distintos, como jateamento, preparação para pintura, cabines de pintura e liberação de peças e componentes. A AET do setor revelou diversas condições que deveriam ser adequadas: atividades de empurrar e puxar cargas (peças e componentes), posturas inadequadas de elevação de ombro, flexão de tronco e trabalho agachado, sobrecargas cognitivas pela própria condição de atenção constante na pintura, agentes ambientais que impactam sobre a tarefa, como iluminação insuficiente e ruído elevado próximo ao jateamento.

Várias recomendações locais foram propostas: empurrar peças pesadas em dois operadores, uso de escadas auxiliares para evitar elevação de ombro, bancos para pintura em partes inferiores das peças, rodízio entre operadores, entre outras.

Todas essas soluções basearam-se no diagnóstico local de cada uma das situações e não eliminaram as fontes geradoras dos problemas, são apenas soluções paliativas. Quando se amplia o diagnóstico, percebe-se que o setor necessita de uma revisão geral em termos de *layout* e modos operatórios, com automatização do transporte das peças na monovia, mudanças no sistema de pintura manual (robôs) e no jateamento (mudança de tecnologia para redução dos níveis de ruído.

Ao ler o Exemplo 6.2, você possivelmente notou a importância de uma visão global dos problemas em uma AET, pois o objetivo da ação é, reproduzindo o título da obra de Guérin et al. (2001), *Compreender o trabalho para transformá-lo*.

Muitas vezes, o diagnóstico local serve de base para ações mais rápidas e de menor custo, mas devemos atentar sempre para a eliminação das condições de risco, e não apenas reduzi-las com medidas paliativas.

6.1.5 Plano de ação – recomendações

Uma AET que não contemple um plano de ação definido com datas e responsabilidades tende a ser falha, na medida em que os problemas precisam ser evidenciados, planejados e acompanhados.

Na fase de diagnóstico, quanto mais abrangente a recomendação de melhoria e inserida no contexto da organização, maiores as chances de sucesso na transformação da situação de trabalho. A estruturação do projeto de intervenção garante mais assertividade no direcionamento de investimentos técnicos, humanos e financeiros, possibilitando criar uma hierarquização com base na criticidade dos problemas e na complexidade das medidas.

A técnica da qualidade conhecida como **5W2H** é uma alternativa interessante para a criação do plano de ação, dirimindo dúvidas quanto ao escopo da ação e visualizando, de forma ampla, os tempos necessários e as responsabilidades associadas.

O nome da ferramenta é formado pelas iniciais em inglês dos itens constantes no processo:

- *what*: o que será feito, explicitação de cada ação;
- *why*: por que será feito, justificativa da melhoria em relação aos motivos;
- *where*: onde será feito, local a que se aplica;
- *when*: quando, em que prazo;
- *who*: quem fará, determinação das responsabilidades;
- *how*: como será feito, expondo claramente opções da proposta;
- *how much*: quanto custa, investimento necessário no projeto.

O Quadro 6.3, a seguir, apresenta um exemplo de aplicação da técnica em um plano de ação de uma análise ergonômica de um setor de envase de uma indústria de lubrificantes.

Quadro 6.3 – Plano de ação com base na técnica 5W2H em uma indústria

O que será feito	Por que	Onde	Como será feito	Quando	Quem será responsável	Custo
Aquisição de uma mesa pantográfica para montagem dos *pallets*	Reduz a flexão de tronco ao levantar cargas	Envase – final da linha	Compra de fornecedor externo	Em até 180 dias	Setor de compras	R$ 9.000,00
Instalação de controle automático das bombas de enchimento	Reduz os movimentos repetitivos para acionar as bombas	Envase – início da linha	Projeto pelo setor de manutenção	Em até 90 dias	Gestor de manutenção	R$ 1.500,00
Rodízio de tarefas	Alterna as exigências biomecânicas das tarefas	Todo setor de envase	A cada 2 horas, o operador deve trocar de estação de trabalho	Em até 30 dias	Supervisor de produção	–

O plano de ação deve refletir, com máxima precisão, as possibilidades técnicas e financeiras das ações, visto que a determinação de prazos e de responsabilidades confere validade ao documento, sendo utilizado como base em ações fiscalizatórias pelos órgãos responsáveis.

Assim, teremos completado a sistemática da análise ergonômica do trabalho, como método estruturado, criando possibilidades de ampliá-lo para um programa de gestão, o que abordaremos no próximo tópico.

Figura 6.1 – Sistemática da análise ergonômica do trabalho

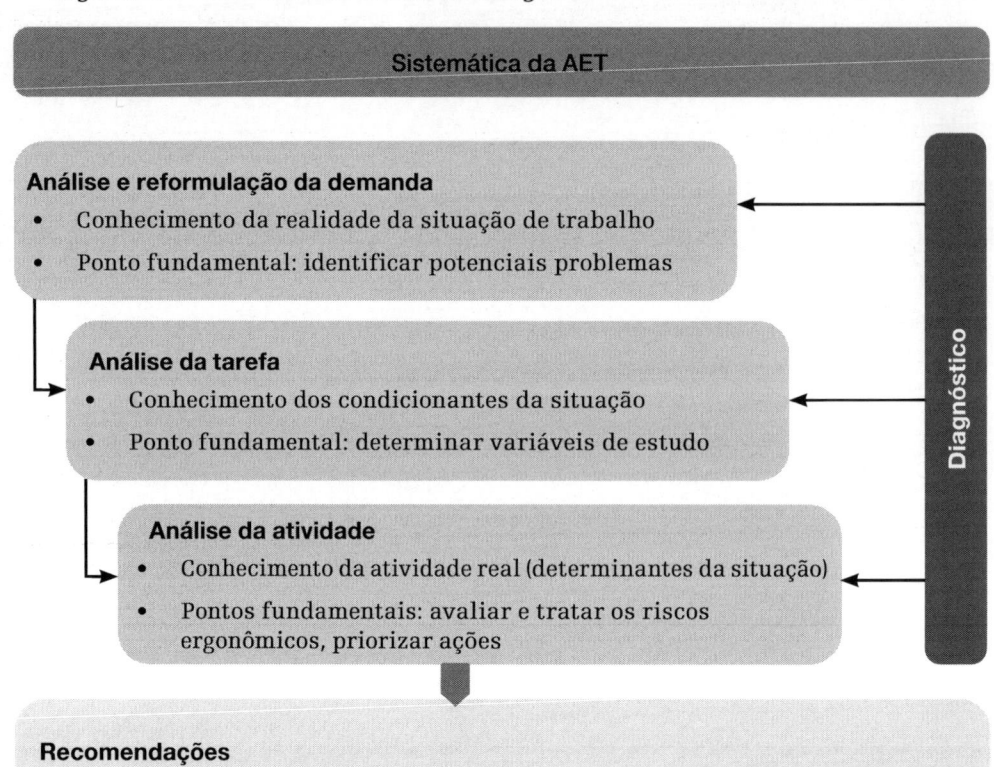

Sistemática da AET

Análise e reformulação da demanda
- Conhecimento da realidade da situação de trabalho
- Ponto fundamental: identificar potenciais problemas

Análise da tarefa
- Conhecimento dos condicionantes da situação
- Ponto fundamental: determinar variáveis de estudo

Análise da atividade
- Conhecimento da atividade real (determinantes da situação)
- Pontos fundamentais: avaliar e tratar os riscos ergonômicos, priorizar ações

Diagnóstico

Recomendações
- Recomendações para eliminação ou minimização dos riscos | Criação do plano de ação

6.2 Gestão em ergonomia

Definitivamente, melhores resultados são obtidos quando o produto de uma ação em ergonomia é inserido em um programa de gestão em SST e, principalmente, quando está alinhado à estratégia da alta administração. Para tanto, indicadores devem ser gerenciados sistematicamente, a fim de estimar o alcance das ações. Vejamos algumas vantagens que podem ser atribuídas ao sistema de gestão:

- cria uma estrutura na organização que permite atividades futuras de forma consistente e controlada;
- melhora a tomada de decisões, o planejamento e a definição de prioridades;
- contribui para utilização mais eficiente do capital de recursos dentro da organização.

O gerenciamento em ergonomia (GE) deve ser ágil, dinâmico e permitir que todas as ações em SST estejam contempladas no escopo de ação, partindo do diagnóstico e passando pelas intervenções e pela auditoria dos processos.

Figura 6.2 – Ações do gerenciamento ergonômico

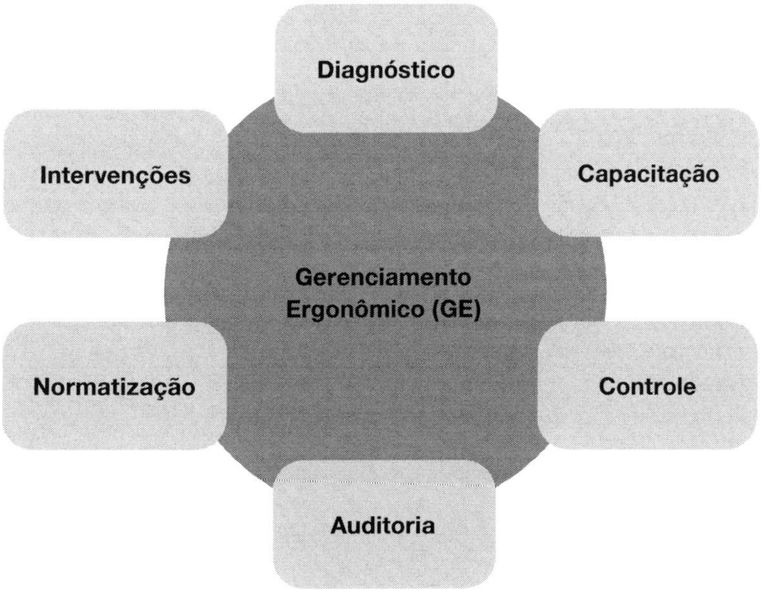

Entre as características norteadoras de um programa de GE, podemos destacar seu caráter intervencionista, isto é, voltado, principalmente, para as ações práticas do cotidiano; uma condição operacional que facilita o sucesso do programa são os chamados *comitês de ergonomia* (Coergos).

Os trabalhadores que fazem parte do comitê de ergonomia têm por objetivo identificar, priorizar e eliminar condições ergonômicas críticas, distribuindo responsabilidades entre os níveis operacional e de gestão.

A estrutura dos comitês varia de acordo com as características e com o porte da organização, obviamente, pela possibilidade de recursos técnicos e humanos disponíveis.

Recomendamos que, sempre que possível, um comitê seja formado por grupos de cinco a oito integrantes e tenha, entre os membros da equipe, um ergonomista, um profissional de SST, um profissional experiente de supervisão e um ou mais profissionais experientes do chão de fábrica. É importante agregar, para ações particulares, o que chamamos de *grupos anexos*, que oferecem possibilidades pontuais para solução de alguns problemas, como é o caso dos profissionais de manutenção, de compras, entre outros.

Quando a empresa apresentar muitos postos de trabalhos distintos ou um grande efetivo de trabalhadores, podemos criar diversos grupos em vez de ampliar a equipe de um grupo. É preferível trabalhar com três grupos de cinco pessoas do que um grande grupo de 15 pessoas – otimização dos trabalhos.

Os membros do comitê precisam ser capacitados de acordo com os objetivos e as propostas estratégicas da ação, sendo imprescindíveis alguns conhecimentos básicos de ergonomia, técnicas de coleta de dados, instrumental qualitativo e quantitativo de avaliação de riscos e de projetos de melhoria.

A definição do alcance das ações do comitê depende da maturidade dos membros desse grupo, do tempo de treinamento e da experiência na área. Normalmente, as ações podem envolver desde pequenas melhorias que possibilitam implementações rápidas e não demandam investimento importantes até a definição de projetos amplos e que necessitam de uma força-tarefa maior.

Outro ponto fundamental no sistema de gestão são as auditorias relativas aos procedimentos que já foram previamente estudados e normalizados na organização. A criação de indicadores, processos e procedimentos precisa ser acompanhada periodicamente para garantir que as diretrizes básicas estejam sendo cumpridas.

Exemplo 6.3

Após AET de uma área de solda de chassi, o estudo de tempos e métodos foi estabelecido como medida corretiva, levando em conta os posicionamentos corporais adequados em cada momento da operação. A liderança da área ficou responsável por readequar os passos da tarefa, orientar posicionamento dos dispositivos auxiliares de movimentação das peças em relação aos posicionamentos de conforto, previamente estabelecidos em verificação biomecânica de movimentos da AET.

Após três meses de implementação das medidas, foi realizada uma auditoria, que verificou que 75% dos posicionamentos tinham sido alterados, melhorando de forma significativa a condição de realização das atividades. Entretanto, foram assinalados vários posicionamentos fora dos padrões (tratados como não conformidades) e, ao questionar os motivos das inadequações, algumas verbalizações interessantes foram obtidas com a supervisão de área: (a) faltam bancos para todos os trabalhadores; (b) precisamos de uma plataforma maior para evitar subir e descer escadas com frequência; e (c) existem dificuldades para fazer rodízios entre trabalhadores por questões de qualidade.

A auditoria é o momento de identificar quais procedimentos não estão sendo tratados em conformidade, mas também abre grandes possibilidades de melhoria desses procedimentos. Algumas ações não são desenvolvidas, muitas vezes, porque a empresa não disponibiliza orçamento, pessoas ou não está disposta a mudar o processo.

Apresentamos, a seguir, alguns exemplos de itens que podem ser auditados pelas empresas no GE:

- índice de absenteísmo;
- queixas ambulatoriais e índice de desconforto corporal;
- satisfação com o trabalho;
- número de ações propostas × número de ações implementadas;
- número de treinamento programados × treinamentos executados.

Estudo de caso

Um hospital de médio porte, localizado no interior do estado de São Paulo, solicitou análise ergonômica após uma visita e notificação do fiscal, em uma ação encampada pela Procuradoria Regional do Trabalho.

Após reunião de alinhamento da demanda, foi determinado um prazo de três meses para entrega do trabalho e as condições predeterminadas metodologicamente (escala de priorização de riscos utilizando o esquema de farol – riscos em verde, amarelo e vermelho, de acordo com criticidade).

No ato da entrega, a gestora recusou o trabalho alegando que ele iria "complicar a empresa", pois tinha "muita coisa em vermelho". O fato é que as condições, realmente, eram precárias, demandando ações importantes de melhoria.

Após a recusa, ela solicitou que a AET fosse elaborada com base apenas nos itens normativos, uma análise de conformidade. Metodologia readequada, a forma de apresentação foi alterada, mas com a ressalva de que todos os riscos que estavam apontados antes continuavam ali, apenas com outra roupagem. Também foi alertado que o Procurador do Trabalho exigiria um plano de ação, que já estava contemplado na outra metodologia.

De fato, aconteceu. Na visita de entrega dos documentos para o prazo do Termo de Ajuste de Conduta (TAC), o procurador questionou o plano de ação e estabeleceu novo prazo de três meses para sua elaboração, com diretrizes e responsabilidades.

Ao final do processo, infelizmente, o hospital foi multado por não cumprir os requisitos legais, inclusive, responsabilizando os gestores por negligência quanto à resolutividade dos riscos presentes na atividade.

■ Síntese

Neste capítulo, tratamos da metodologia de análise ergonômica do trabalho (AET) e destacamos que, com a consequente escolha e a aplicação de ferramentas de quantificação, a AET permite que o profissional compreenda as situações de trabalho em sua integralidade e possa transformá-lo de maneira significativa.

Também evidenciamos que associar a AET com uma correta gestão de riscos, por meio de indicadores e planos de ação estruturados, possibilita ao profissional o alcance resultados satisfatórios para empresas e trabalhadores.

■ Para saber mais

Para que você possa aprofundar seus conhecimentos a respeito dos temas abordados neste capítulo, indicamos alguns institutos internacionais que oferecem materiais e informações extremamente relevantes para a área de ergonomia, como métodos, ferramentas de análise, questionários, entre outros.

ESPAÑA. Ministerio de Trabajo, Migraciones y Seguridad Social. Disponível em: <http://mitramiss.gob.es>. Acesso em: 25 out. 2019.

EU-OSHA – European Agency Safety and Health at Work. Disponível em: <https://osha.europa.eu/>. Acesso em: 25 out. 2019.

NIOSH – The National Institute for Occupational Safety and Health. **Centers for Disease Control and Prevention**. Disponível em: <https://www.cdc.gov/niosh/index.htm>. Acesso em: 24 out. 2019.

■ Questões para revisão

1. Durante a etapa de análise da atividade, é preciso, necessariamente, avaliar:
   a. aspectos técnicos de máquinas e equipamentos.
   b. condições ambientais.
   c. atividade real dos trabalhadores.
   d. organização e produção.
   e. leis e regulamentações.

2. A definição de "Grupo de trabalhadores cujo objetivo é identificar, priorizar e eliminar condições ergonômicas críticas, distribuindo responsabilidades entre os níveis operacional e de gestão" refere-se a:
   a. Coergos.
   b. Cipa.
   c. SESMT.
   d. AET.
   e. consultores.

3. Qual a finalidade do método Ocra?
   a. Avaliar posturas estáticas.
   b. Avaliar posturas dinâmicas.
   c. Avaliar carga mental.
   d. Avaliar levantamento de cargas.
   e. Avaliar repetitividade.

4. Quais etapas compõem a análise ergonômica do trabalho, preconizada pela NR 17?

5. Quais as vantagens de um sistema de gestão em ergonomia?

■ Questões para reflexão

1. A AET é o instrumento de base para a construção de um sistema de gestão em ergonomia, que deve ser o norte em toda área de SST. Como é possível evoluir de uma AET para um sistema de gestão? Como acontece essa operacionalização?

2. A mudança da área de SST, com a implementação do eSocial, afeta diretamente os trabalhos em ergonomia. Como adaptar as análises e a gestão em ergonomia no eSocial?

3. Qual o papel das ferramentas/métodos quantitativos em ergonomia? Em que momento devem ser utilizados?

[considerações finais]

A área de segurança do trabalho e ergonomia está em crescente evolução e tem apresentado importantes mudanças de paradigmas, tanto na legislação quanto no perfil do profissional que atua na área. Além disso, as empresas passaram a compreender, e confirmam no dia a dia, que o investimento em saúde e segurança dos trabalhadores gera ambientes mais produtivos, com menor incidência de doenças e com maior engajamento das pessoas.

Por essa razão, o profissional de SST necessita manter-se sempre atualizado para essa nova realidade, acompanhar o processo evolutivo e ser proativo, abandonando práticas ultrapassadas, voltadas apenas para a questão documental e/ou emergencial. Com a informatização das questões relativas à SST, as informações são disponibilizadas com mais agilidade e em tempo real para todos os envolvidos.

O conhecimento teórico-prático abordado nesta obra direciona o profissional da área para o campo de trabalho com bases sólidas, fornece instrumentos e métodos para atendimento à legislação e ferramentas práticas que conferem validação às suas ações. Este material pode ser utilizado pelo aluno/profissional como um guia que permite a adaptação à realidade de trabalho ou da empresa.

Sugere-se, ainda, que o leitor esteja sempre atento às transformações desse universo do trabalho, atualizado a todo momento pela legislação vigente, pelas normas regulamentadoras e pelas normas técnicas.

Esperamos que o conhecimento acerca dos temas relativos à área de segurança do trabalho e de ergonomia aqui contemplados possibilitem a você, profissional da área, mais preparo para os novos desafios, bem como condições de atuar estrategicamente nas empresas, contribuindo para a construção de ambientes de trabalho mais saudáveis e seguros.

[referências]

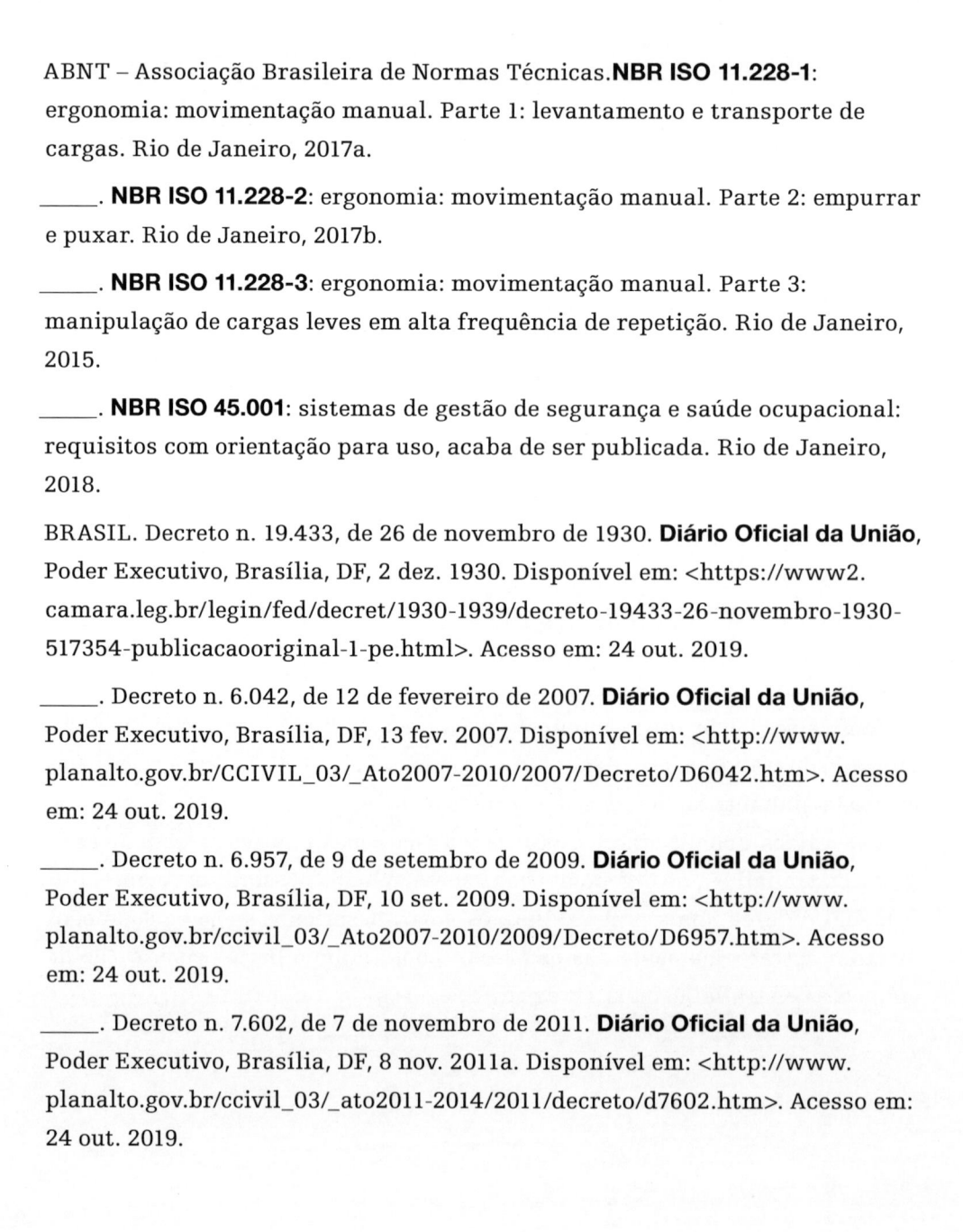

ABNT – Associação Brasileira de Normas Técnicas. **NBR ISO 11.228-1**: ergonomia: movimentação manual. Parte 1: levantamento e transporte de cargas. Rio de Janeiro, 2017a.

_____. **NBR ISO 11.228-2**: ergonomia: movimentação manual. Parte 2: empurrar e puxar. Rio de Janeiro, 2017b.

_____. **NBR ISO 11.228-3**: ergonomia: movimentação manual. Parte 3: manipulação de cargas leves em alta frequência de repetição. Rio de Janeiro, 2015.

_____. **NBR ISO 45.001**: sistemas de gestão de segurança e saúde ocupacional: requisitos com orientação para uso, acaba de ser publicada. Rio de Janeiro, 2018.

BRASIL. Decreto n. 19.433, de 26 de novembro de 1930. **Diário Oficial da União**, Poder Executivo, Brasília, DF, 2 dez. 1930. Disponível em: <https://www2.camara.leg.br/legin/fed/decret/1930-1939/decreto-19433-26-novembro-1930-517354-publicacaooriginal-1-pe.html>. Acesso em: 24 out. 2019.

_____. Decreto n. 6.042, de 12 de fevereiro de 2007. **Diário Oficial da União**, Poder Executivo, Brasília, DF, 13 fev. 2007. Disponível em: <http://www.planalto.gov.br/CCIVIL_03/_Ato2007-2010/2007/Decreto/D6042.htm>. Acesso em: 24 out. 2019.

_____. Decreto n. 6.957, de 9 de setembro de 2009. **Diário Oficial da União**, Poder Executivo, Brasília, DF, 10 set. 2009. Disponível em: <http://www.planalto.gov.br/ccivil_03/_Ato2007-2010/2009/Decreto/D6957.htm>. Acesso em: 24 out. 2019.

_____. Decreto n. 7.602, de 7 de novembro de 2011. **Diário Oficial da União**, Poder Executivo, Brasília, DF, 8 nov. 2011a. Disponível em: <http://www.planalto.gov.br/ccivil_03/_ato2011-2014/2011/decreto/d7602.htm>. Acesso em: 24 out. 2019.

BRASIL. Decreto n. 8.373, de 11 de dezembro de 2014. **Diário Oficial da União**, Poder Executivo, Brasília, DF, 12 dez. 2014. Disponível em: <http://www.planalto.gov.br/ccivil_03/_ato2011-2014/2014/decreto/d8373.htm>. Acesso em: 24 out. 2019.

_____. Decreto-Lei n. 5.452, de 1º de maio de 1943. **Diário Oficial da União**, Poder Executivo, Rio de Janeiro, 1943. Disponível em: <http://www.planalto.gov.br/ccivil_03/decreto-lei/Del5452.htm>. Acesso em: 24 out. 2019.

_____. ENIT – Escola Nacional da Inspeção do Trabalho. Secretaria de Inspeção do Trabalho. **SST – Normatização**. Disponível em: <https://enit.trabalho.gov.br/portal/index.php/seguranca-e-saude-no-trabalho/sst-menu/sst-normatizacao?view=default>. Acesso em: 24 out. 2019a.

_____. Lei n. 6.514, de 22 de dezembro de 1977. **Diário Oficial da União**, Poder Legislativo, Brasília, DF, 23 dez. 1977. Disponível em: <http://www.planalto.gov.br/CCIVIL_03/LEIS/L6514.htm>. Acesso em: 24 out. 2019.

_____. Lei n. 8.213, de 24 de julho de 1991. **Diário Oficial da União**, Poder Legislativo, Brasília, DF, 25 jul. 1991. Disponível em: <http://www.planalto.gov.br/ccivil_03/leis/L8213cons.htm>. Acesso em: 24 out. 2019.

_____. Lei n. 13.587, de 2 de janeiro de 2018. **Diário Oficial da União**, Poder Legislativo, Brasília, DF, 3 jan. 2018a. Disponível em: <http://www.planalto.gov.br/ccivil_03/_ato2015-2018/2018/lei/L13587.htm>. Acesso em: 24 out. 2019.

BRASIL. Ministério da Economia. Secretaria de Previdência. **Dados de acidentes de trabalho**. Disponível em: <http://www.previdencia.gov.br/dados-abertos/dados-abertos-sst/>. Acesso em: 17 jul. 2019b.

BRASIL. Ministério da Previdência Social. **Anuário Estatístico de Acidentes do Trabalho – AEAT**. 2016. Disponível em: <http://sa.previdencia.gov.br/site/2018/04/AEAT-2016.pdf>. Acesso em: 10 ago. 2019.

BRASIL. Ministério da Saúde. Organização Pan-Americana da Saúde. **Doenças relacionadas ao trabalho**: manual de procedimentos para os serviços de saúde. Brasília, 2001. (Série A. Normas e Manuais Técnicos, n. 114). Disponível em: <http://bvsms.saude.gov.br/bvs/publicacoes/doencas_relacionadas_trabalho1.pdf>. Acesso em: 24 out. 2019.

BRASIL. Ministério do Trabalho. **Manual de auxílio na interpretação e aplicação da Norma Regulamentadora 35**: trabalho em altura. 2. ed. Brasília, DF, abr. 2018b. Disponível em:<https://enit.trabalho.gov.br/portal/images/Arquivos_SST/SST_Publicacao_e_Manual/CGNOR-MANUAL-CONSOLIDADE-DA-NR-35.pdf>. Acesso em: 10 ago. 2019.

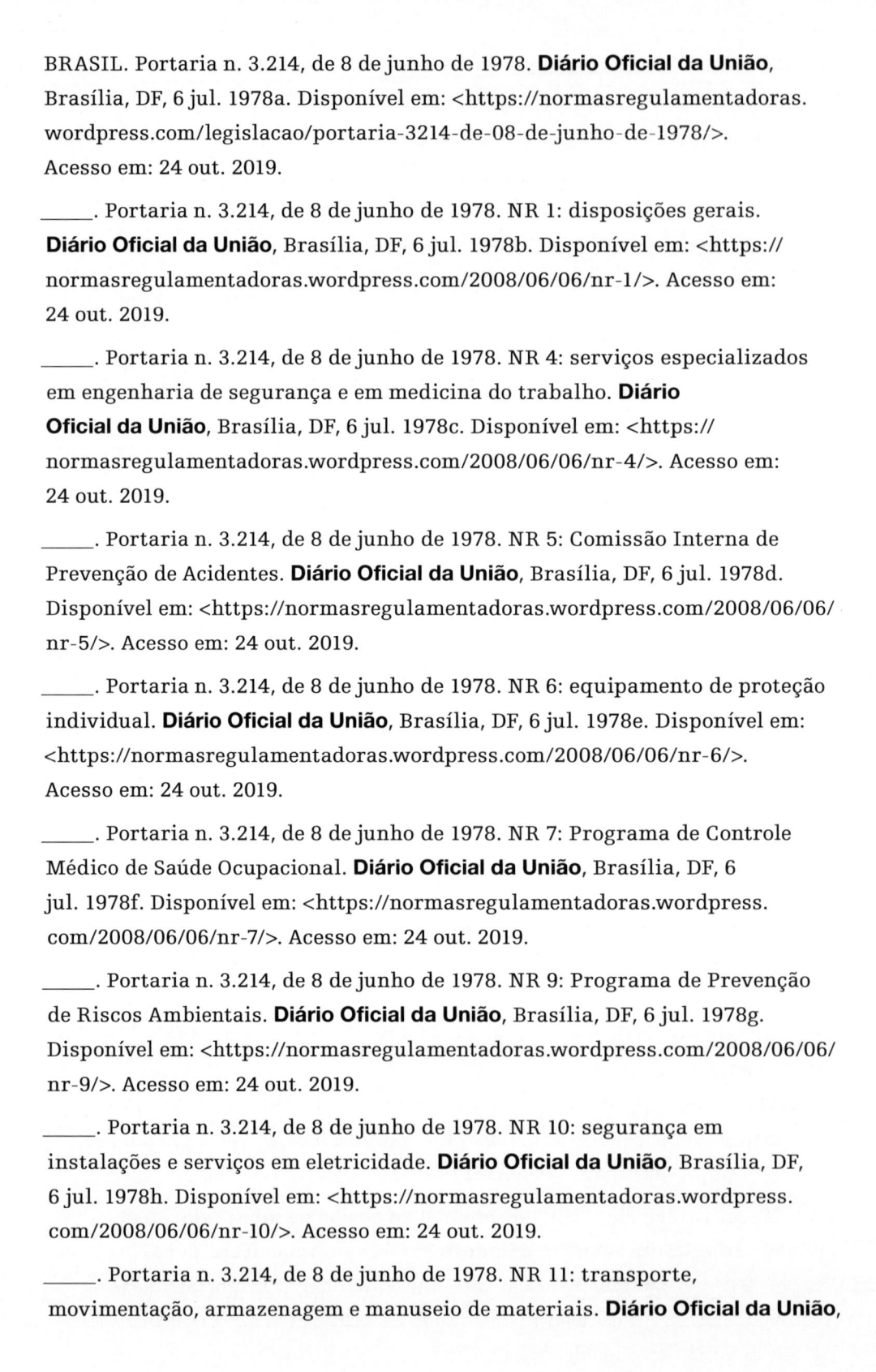

BRASIL. Portaria n. 3.214, de 8 de junho de 1978. **Diário Oficial da União**, Brasília, DF, 6 jul. 1978a. Disponível em: <https://normasregulamentadoras.wordpress.com/legislacao/portaria-3214-de-08-de-junho-de-1978/>. Acesso em: 24 out. 2019.

____. Portaria n. 3.214, de 8 de junho de 1978. NR 1: disposições gerais. **Diário Oficial da União**, Brasília, DF, 6 jul. 1978b. Disponível em: <https://normasregulamentadoras.wordpress.com/2008/06/06/nr-1/>. Acesso em: 24 out. 2019.

____. Portaria n. 3.214, de 8 de junho de 1978. NR 4: serviços especializados em engenharia de segurança e em medicina do trabalho. **Diário Oficial da União**, Brasília, DF, 6 jul. 1978c. Disponível em: <https://normasregulamentadoras.wordpress.com/2008/06/06/nr-4/>. Acesso em: 24 out. 2019.

____. Portaria n. 3.214, de 8 de junho de 1978. NR 5: Comissão Interna de Prevenção de Acidentes. **Diário Oficial da União**, Brasília, DF, 6 jul. 1978d. Disponível em: <https://normasregulamentadoras.wordpress.com/2008/06/06/nr-5/>. Acesso em: 24 out. 2019.

____. Portaria n. 3.214, de 8 de junho de 1978. NR 6: equipamento de proteção individual. **Diário Oficial da União**, Brasília, DF, 6 jul. 1978e. Disponível em: <https://normasregulamentadoras.wordpress.com/2008/06/06/nr-6/>. Acesso em: 24 out. 2019.

____. Portaria n. 3.214, de 8 de junho de 1978. NR 7: Programa de Controle Médico de Saúde Ocupacional. **Diário Oficial da União**, Brasília, DF, 6 jul. 1978f. Disponível em: <https://normasregulamentadoras.wordpress.com/2008/06/06/nr-7/>. Acesso em: 24 out. 2019.

____. Portaria n. 3.214, de 8 de junho de 1978. NR 9: Programa de Prevenção de Riscos Ambientais. **Diário Oficial da União**, Brasília, DF, 6 jul. 1978g. Disponível em: <https://normasregulamentadoras.wordpress.com/2008/06/06/nr-9/>. Acesso em: 24 out. 2019.

____. Portaria n. 3.214, de 8 de junho de 1978. NR 10: segurança em instalações e serviços em eletricidade. **Diário Oficial da União**, Brasília, DF, 6 jul. 1978h. Disponível em: <https://normasregulamentadoras.wordpress.com/2008/06/06/nr-10/>. Acesso em: 24 out. 2019.

____. Portaria n. 3.214, de 8 de junho de 1978. NR 11: transporte, movimentação, armazenagem e manuseio de materiais. **Diário Oficial da União**,

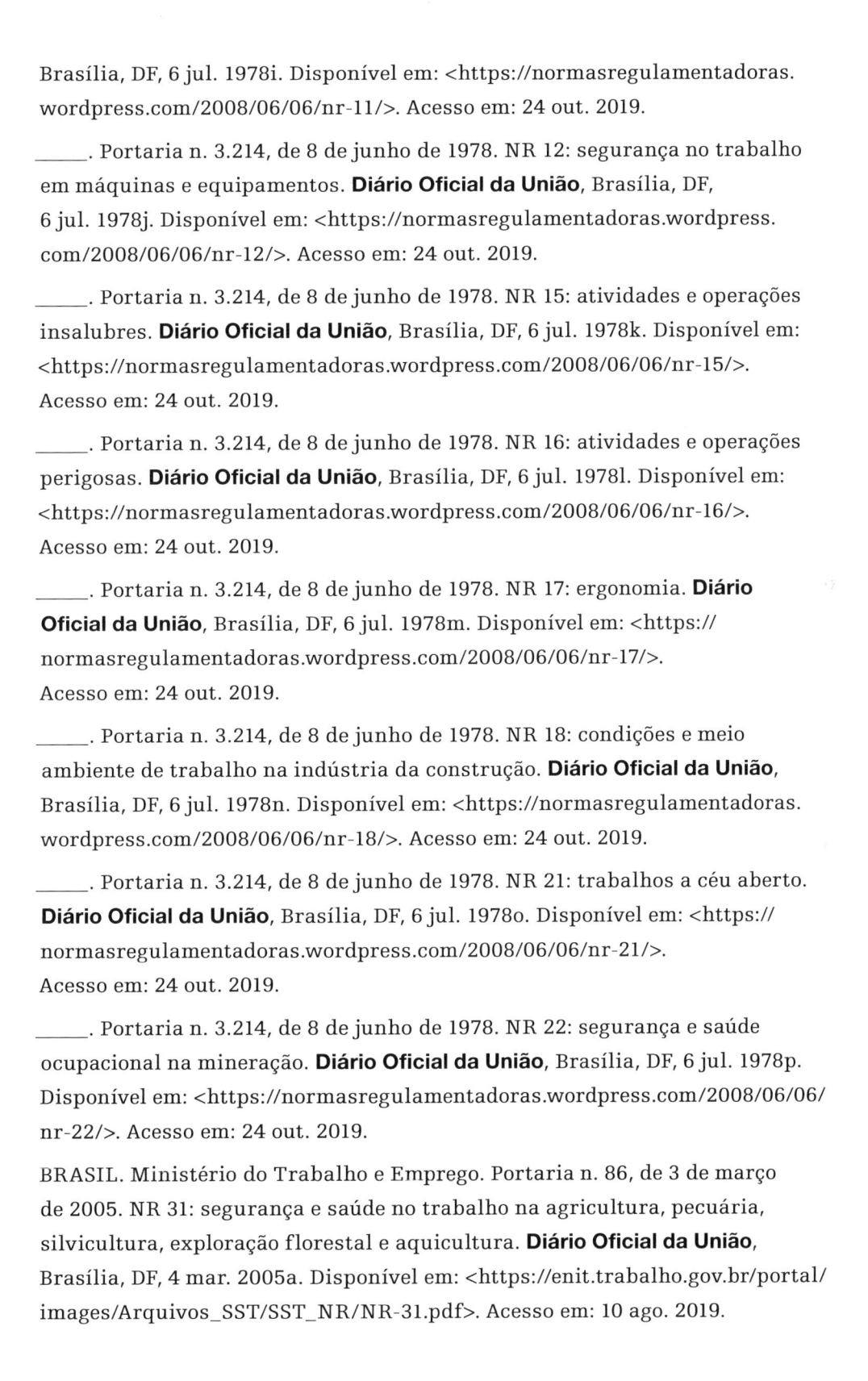

Brasília, DF, 6 jul. 1978i. Disponível em: <https://normasregulamentadoras.wordpress.com/2008/06/06/nr-11/>. Acesso em: 24 out. 2019.

_____. Portaria n. 3.214, de 8 de junho de 1978. NR 12: segurança no trabalho em máquinas e equipamentos. **Diário Oficial da União**, Brasília, DF, 6 jul. 1978j. Disponível em: <https://normasregulamentadoras.wordpress.com/2008/06/06/nr-12/>. Acesso em: 24 out. 2019.

_____. Portaria n. 3.214, de 8 de junho de 1978. NR 15: atividades e operações insalubres. **Diário Oficial da União**, Brasília, DF, 6 jul. 1978k. Disponível em: <https://normasregulamentadoras.wordpress.com/2008/06/06/nr-15/>. Acesso em: 24 out. 2019.

_____. Portaria n. 3.214, de 8 de junho de 1978. NR 16: atividades e operações perigosas. **Diário Oficial da União**, Brasília, DF, 6 jul. 1978l. Disponível em: <https://normasregulamentadoras.wordpress.com/2008/06/06/nr-16/>. Acesso em: 24 out. 2019.

_____. Portaria n. 3.214, de 8 de junho de 1978. NR 17: ergonomia. **Diário Oficial da União**, Brasília, DF, 6 jul. 1978m. Disponível em: <https://normasregulamentadoras.wordpress.com/2008/06/06/nr-17/>. Acesso em: 24 out. 2019.

_____. Portaria n. 3.214, de 8 de junho de 1978. NR 18: condições e meio ambiente de trabalho na indústria da construção. **Diário Oficial da União**, Brasília, DF, 6 jul. 1978n. Disponível em: <https://normasregulamentadoras.wordpress.com/2008/06/06/nr-18/>. Acesso em: 24 out. 2019.

_____. Portaria n. 3.214, de 8 de junho de 1978. NR 21: trabalhos a céu aberto. **Diário Oficial da União**, Brasília, DF, 6 jul. 1978o. Disponível em: <https://normasregulamentadoras.wordpress.com/2008/06/06/nr-21/>. Acesso em: 24 out. 2019.

_____. Portaria n. 3.214, de 8 de junho de 1978. NR 22: segurança e saúde ocupacional na mineração. **Diário Oficial da União**, Brasília, DF, 6 jul. 1978p. Disponível em: <https://normasregulamentadoras.wordpress.com/2008/06/06/nr-22/>. Acesso em: 24 out. 2019.

BRASIL. Ministério do Trabalho e Emprego. Portaria n. 86, de 3 de março de 2005. NR 31: segurança e saúde no trabalho na agricultura, pecuária, silvicultura, exploração florestal e aquicultura. **Diário Oficial da União**, Brasília, DF, 4 mar. 2005a. Disponível em: <https://enit.trabalho.gov.br/portal/images/Arquivos_SST/SST_NR/NR-31.pdf>. Acesso em: 10 ago. 2019.

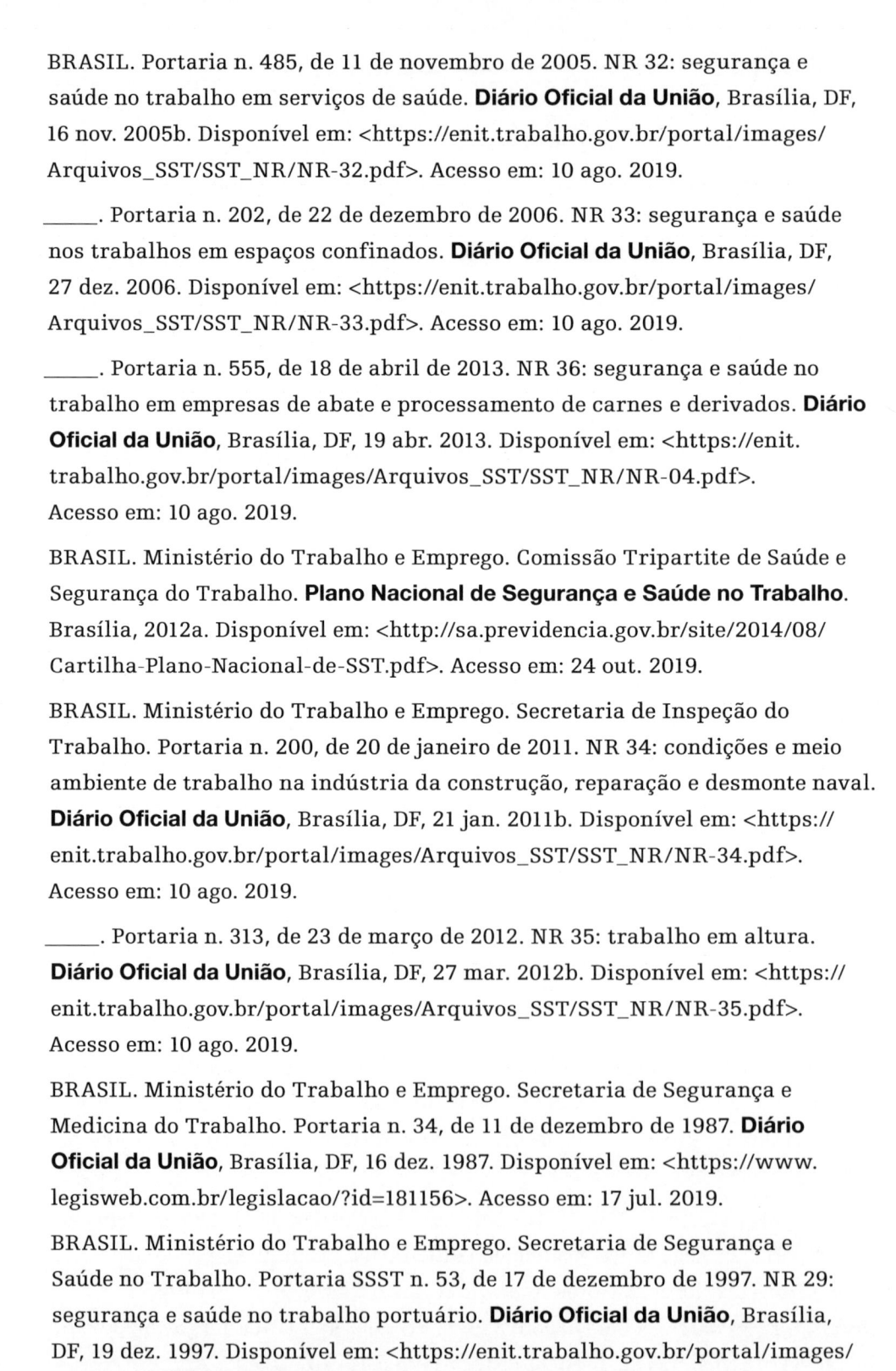

BRASIL. Portaria n. 485, de 11 de novembro de 2005. NR 32: segurança e saúde no trabalho em serviços de saúde. **Diário Oficial da União**, Brasília, DF, 16 nov. 2005b. Disponível em: <https://enit.trabalho.gov.br/portal/images/Arquivos_SST/SST_NR/NR-32.pdf>. Acesso em: 10 ago. 2019.

_____. Portaria n. 202, de 22 de dezembro de 2006. NR 33: segurança e saúde nos trabalhos em espaços confinados. **Diário Oficial da União**, Brasília, DF, 27 dez. 2006. Disponível em: <https://enit.trabalho.gov.br/portal/images/Arquivos_SST/SST_NR/NR-33.pdf>. Acesso em: 10 ago. 2019.

_____. Portaria n. 555, de 18 de abril de 2013. NR 36: segurança e saúde no trabalho em empresas de abate e processamento de carnes e derivados. **Diário Oficial da União**, Brasília, DF, 19 abr. 2013. Disponível em: <https://enit.trabalho.gov.br/portal/images/Arquivos_SST/SST_NR/NR-04.pdf>. Acesso em: 10 ago. 2019.

BRASIL. Ministério do Trabalho e Emprego. Comissão Tripartite de Saúde e Segurança do Trabalho. **Plano Nacional de Segurança e Saúde no Trabalho**. Brasília, 2012a. Disponível em: <http://sa.previdencia.gov.br/site/2014/08/Cartilha-Plano-Nacional-de-SST.pdf>. Acesso em: 24 out. 2019.

BRASIL. Ministério do Trabalho e Emprego. Secretaria de Inspeção do Trabalho. Portaria n. 200, de 20 de janeiro de 2011. NR 34: condições e meio ambiente de trabalho na indústria da construção, reparação e desmonte naval. **Diário Oficial da União**, Brasília, DF, 21 jan. 2011b. Disponível em: <https://enit.trabalho.gov.br/portal/images/Arquivos_SST/SST_NR/NR-34.pdf>. Acesso em: 10 ago. 2019.

_____. Portaria n. 313, de 23 de março de 2012. NR 35: trabalho em altura. **Diário Oficial da União**, Brasília, DF, 27 mar. 2012b. Disponível em: <https://enit.trabalho.gov.br/portal/images/Arquivos_SST/SST_NR/NR-35.pdf>. Acesso em: 10 ago. 2019.

BRASIL. Ministério do Trabalho e Emprego. Secretaria de Segurança e Medicina do Trabalho. Portaria n. 34, de 11 de dezembro de 1987. **Diário Oficial da União**, Brasília, DF, 16 dez. 1987. Disponível em: <https://www.legisweb.com.br/legislacao/?id=181156>. Acesso em: 17 jul. 2019.

BRASIL. Ministério do Trabalho e Emprego. Secretaria de Segurança e Saúde no Trabalho. Portaria SSST n. 53, de 17 de dezembro de 1997. NR 29: segurança e saúde no trabalho portuário. **Diário Oficial da União**, Brasília, DF, 19 dez. 1997. Disponível em: <https://enit.trabalho.gov.br/portal/images/Arquivos_SST/SST_NR/NR-29.pdf>. Acesso em: 10 ago. 2019.

CIRIELLO, V. M.; SNOOK, S. H.; HUGHES, G. J. Furgher Studies of Psychophysically Determined Maximum Acceptable Weights and Forces. **Human Factors**, v. 35, p. 175-186, Mar. 1993.

COLOMBINI, D.; OCCHIPINTI, E.; FANTI, M. **Método Ocra**: para análise e a prevenção do risco por movimentos repetitivos. 2. ed. São Paulo: LTr, 2008.

COUTO, H. A. **Ergonomia aplicada ao trabalho**: o manual técnico da máquina humana. Belo Horizonte: Ergo, 1995. v. 1.

FUNDACENTRO – Fundação Jorge Duprat Figueiredo de Segurança e Medicina do Trabalho. **NHO 1**: avaliação da exposição ocupacional ao ruído. São Paulo, 2001. Disponível em: <http://www.fundacentro.gov.br/biblioteca/normas-de-higiene-ocupacional/publicacao/detalhe/2012/9/nho-01-procedimento-tecnico-avaliacao-da-exposicao-ocupacional-ao-ruido>. Acesso em: 24 out. 2019.

_____. **NHO 9**: avaliação da exposição ocupacional a vibração de corpo inteiro. São Paulo, 2013a. Disponível em: <http://www.fundacentro.gov.br/biblioteca/normas-de-higiene-ocupacional/publicacao/detalhe/2013/4/nho-09-procedimento-tecnico-avaliacao-da-exposicao-ocupacional-a-vibracao-de-corpo-inteiro>. Acesso em: 10 ago. 2019.

_____. **NHO 10**: Avaliação da exposição ocupacional a vibração em mãos e braços. São Paulo, 2013b. Disponível em: <http://www.fundacentro.gov.br/biblioteca/normas-de-higiene-ocupacional/publicacao/detalhe/2013/4/nho-10-procedimento-tecnico-avaliacao-da-exposicao-ocupacional-a-vibracao-em-maos-e>. Acesso em: 10 ago. 2019.

GUÉRIN, F. et al. **Compreender o trabalho para transformá-lo**: a prática da ergonomia. São Paulo: Blucher, 2001.

HART, S. G.; STAVELAND, L. E. Development of NASA TLX (Task Load Index): Results of Empirical and Theoretical Research. In: HANCOCK, P. A.; MESHKATI, N. **Human Mental Workload**. Amsterdã: North Holland Press, 1988.

IEA – International Ergonomics Association. Definição internacional de ergonomia. **Ação Ergonômica – Revista Brasileira de Ergonomia**, v. 3, n. 2, 2008. Disponível em: <http://www.abergo.org.br/revista/index.php/ae/article/view/61/58>. Acesso em: 24 out. 2019.

IIDA, I. **Ergonomia**: projeto e produção. 2. ed. São Paulo: Blucher, 2005.

ISO – International Organization for Standardization. **ISO/TR 12295**: Application Document for International Standards on Manual Handling and Evaluation os Static Working Postures. Geneva, 2014.

KROEMER, K. H. E.; GRANDJEAN, E. **Manual de ergonomia**: adaptando o trabalho ao homem. 5. ed. Porto Alegre: Bookman, 2005.

LOPES JUNIOR, A. **Instituto é condenado a pagar adicional de periculosidade a especialista em metrologia e qualidade**. 14 dez. 2016. Disponível em: <http://portal.trt15.jus.br/mais-noticias/-/asset_publisher/VlG0/content/instituto-e-condenado-a-pagar-adicional-de-periculosidade-a-especialista-em-metrologia-e-qualidade/pop_up;jsessionid=8D5B5D8EA51B3181FDD18E7B381B6C5C.lr1?_101_INSTANCE_VlG0_viewMode=print>. Acesso em: 24 out. 2019.

MOORE, J. S.; GARG, A. The Strain Index: a Proposed Method to Analyse Jobs for Risk of Distal Upper Extremity Disorders. **American Industrial Hygiene Association Journal**, v. 56, p. 443-458, 1995.

MPT – Ministério Público do Trabalho. **Observatório Digital em Saúde e Segurança do Trabalho**. Disponível em: <https://observatoriosst.mpt.mp.br>. Acesso em: 24 out. 2019.

PEGATIN, T. de O. et al. A ergonomia como fator econômico e competitivo para pequenas empresas. In: ENCONTRO NACIONAL DE ENGENHARIA DE PRODUÇÃO, 27., 2007, Foz do Iguaçu. **Anais**... Disponível em: <http://www.abepro.org.br/biblioteca/enegep2007_tr600450_8908.pdf>. Acesso em: 17 jul. 2019.

SANTOS, N.; FIALHO, F. **Manual de análise ergonômica do trabalho**. 2. ed. Curitiba: Gênesis, 1997.

SILVA, S. C. da; MONTEIRO, W. D. **Levantamento do perfil antropométrico da população brasileira usuária do transporte aéreo nacional**: Projeto Conhecer. Brasília: Anac, mar. 2009. Disponível em: <http://www2.anac.gov.br/arquivos/pdf/Relatorio_Final_Projeto_Conhecer.pdf>. Acesso em: 24 ago. 2019.

TRT3 – Tribunal Regional do Trabalho da 3ª Região. **Fornecimento de EPI não desobriga empregador de pagar adicional de insalubridade**. 22 ago. 2011. Disponível em: <http://www.normaslegais.com.br/trab/5trabalhista240811.htm>. Acesso em: 24 out. 2019.

TRT20 – Tribunal Regional do Trabalho da 20ª Região. **Perdas com acidentes de trabalho custam mais de R$ 26 bi da Previdência**. 14 mar. 2018. Disponível em: <https://www.trt20.jus.br/10-noticias/9370-perdas-com-acidentes-de-trabalho-custam-mais-de-r-26-bi-da-previdencia>. Acesso em: 24 out. 2019.

[respostas]

Capítulo 1

■ Questões para revisão

1. As maiores dificuldades ainda residem no fato de criar ações práticas aplicáveis às pequenas e médias empresas que possam adequar-se aos investimentos ainda limitados dessas organizações. Infelizmente, o que se operacionalizou do Plansat até os dias atuais foram apenas as questões legais e fiscalizatórias, que, em 2018, já estavam, praticamente, todas implementadas. Faltam ações padronizadas, com apoio governamental e que facilitem o desenvolvimento da SST nessas pequenas empresas.

2. Não necessariamente. Toda empresa precisa ter profissionais de segurança e, quando necessário, de saúde, que sejam responsáveis pelos programas de base (PPRA e PCMSO). Entretanto, algumas são dispensadas de constituir formalmente o SESMT, levando em consideração o número de empregados e o ramo de atividade. É importante que as empresas estejam atentas à formalização do serviço especializado (quando necessário), dimensionando corretamente o quadro de acordo com a NR 4.

3. c. Comentário: exames admissionais e periódicos são atribuições da medicina do trabalho, constituída no SESMT.

4. e. Comentário: com alguns funcionários, em tempo parcial.

5. b. Comentário: as normas regulamentadoras (NRs) foram elaboradas com base na CLT e regulamentam a maioria das atividades de trabalho, considerando riscos, formas de prevenção, entre outras diretrizes.

Capítulo 2

■ Questões para revisão───────────────────────────────

1. Doença profissional: ocasionada pela exposição a determinado agente, tipificada por ramo de atividade, citamos, por exemplo, a silicose, desencadeada pela exposição à sílica.

   • Doenças do trabalho: adquirida em função de condições particulares em que o trabalho é realizado, que tenha relação direta com ele, por exemplo, surdez (ou disacusia) decorrente da exposição ao ruído.

2. Ato inseguro: relaciona-se com a atividade de trabalho das pessoas, com atos e ações desenvolvidas, condições e características pessoais. Ato inseguro remete, diretamente, ao comportamento das pessoas. Condição insegura: relaciona-se com o meio ambiente onde o trabalhador está inserido, incluindo máquinas, equipamentos, processos, entre outros. Causas muito frequentes de condições inseguras são falta de manutenção, erros de projeto, matérias-primas com defeito, entre outros.

3. a. Comentário: NTEP é o nexo técnico estabelecido em decorrência de um afastamento; PPRA é o Programa de Prevenção de Riscos Ambientais da NR 9; CAT é o comunicado de acidentes de trabalho quando ocorre um acidente; AET é análise ergonômica do trabalho da NR 17.

4. e. Comentário: o dispositivo em questão é um EPI.

5. c. Comentário: as outras alternativas são responsabilidades do empregador.

Capítulo 3

■ Questões para revisão───────────────────────────────

1. PPRA = Programa de Prevenção de Riscos Ambientais (NR 9). Responsável pela identificação e avaliação dos riscos presentes nos ambientes de trabalho.

   PCMSO = Programa de Controle Médico e Saúde Ocupacional (NR 7). Programa que busca o acompanhamento da saúde dos trabalhadores, mediante análise de risco contida no PPRA. Compreende exames admissionais, periódicos, demissionais, entre outros.

2. A NR 32 aplica-se aos estabelecimentos de saúde que prestam serviços de atendimento ao público (pacientes) em qualquer nível de complexidade. O principal fator de risco abordado pela norma é o risco biológico.

3. e. Comentário: a metodologia de análise preliminar de risco (APR) é elaborada, em geral, para uma vistoria prévia dos ambientes e condições de trabalho, assim como para auditar situações anteriormente já verificadas. A partir da identificação dos elementos básicos do trabalho, elencam-se os fatores de risco com vistas a antecipar possíveis ocorrências e corrigi-las antes de sua materialização.

4. b. Comentário: a atribuição está descrita na NR 5.

5. a. Comentário: a antecipação é o marco inicial dos levantamentos do PPRA, por isso visa identificar situações que podem vir a ser quantificadas posteriormente.

Capítulo 4

■ Questões para revisão

1. d. Comentário: a palavra limite já determina o teto, até onde pode ocorrer a exposição em determinado nível de concentração.

2. a. Comentário: caracterizado no Anexo 2 da NR 16.

3. b. Comentário: todas as outras atividades são de insalubridade grau médio.

4. Asbesto, manganês e sílica.

5. As medidas de proteção coletiva (enclausuramento de máquinas e equipamentos, isolamento de fontes geradoras) e individual (protetores auditivos).

Capítulo 5

■ Questões para revisão

1. c. Comentário: ergonomia cognitiva e psicossocial relaciona-se com os processos mentais de trabalho e ergonomia organizacional, como esse trabalho é organizado, compreendendo ritmos, turnos, jornada, horas extras.

2. e. Comentário: cadeiras anatômicas devem ser evitadas no ambiente de trabalho, pois não permitem bons ajustes posturais. O item também não consta na NR 17.

3. d. Comentário: todos os outros itens são relacionados no eSocial como cognitivos/psicossociais.

4. A antropometria estática é aquela em que são coletadas medidas com o corpo parado, com objetivo de estabelecer o tamanho de determinados segmentos corporais.

   A antropometria dinâmica mede os alcances corporais, as angulações e as aplicações do ser humano em movimento, relacionando esses dados com as necessidades da tarefa.

5. Objetivo: o que será feito no posto, em que condições:
   - pessoas: gênero, faixa etária, grau de instrução;
   - equipamentos e máquinas que serão utilizados;
   - localização e inter-relação no processo produtivo, relação com fornecedores e clientes internos;
   - condições ambientais;
   - condições organizacionais – turnos, trabalho noturno, grupos.

Capítulo 6

■ Questões para revisão

1. c. Comentário: todos os outros itens referem-se à análise da tarefa.

2. a. Comentário: os comitês de ergonomia (Coergos) têm função primordial nos sistemas de gestão em ergonomia.

3. e. Comentário: a avaliação faz parte da NBR ISO 11228-3.

4. Análise da demanda, da tarefa, da atividade, do diagnóstico e do plano de ação (recomendações).

5. Cria uma estrutura na organização que permite atividades futuras de forma consistente e controlada, melhora a tomada de decisões, o planejamento e a definição de prioridades, contribui para uma utilização mais eficiente do capital de recursos dentro da organização.

[sobre o autor]

Thiago de Oliveira Pegatin é graduado em Fisioterapia (2002) pela Unisalesiano de Lins e em Administração (2010) pela Uniseb-COC. É especialista em Fisioterapia do Trabalho pela Unisalesiano de Lins e em Gestão Industrial pela Universidade Tecnológica Federal do Paraná, onde também fez o mestrado em Engenharia de Produção. Atua, desde 2004, como diretor da Top Ergonomia – Consultoria Empresarial e é professor em cursos de graduação e de pós-graduação na área de segurança do trabalho e ergonomia.

Impressão:
Novembro/2019